*Los que sembraron con
lágrimas, con regocijo segarán.*

—Salmo 126:5

Lo que la pérdida no te PUEDE QUITAR

DRA. LIS MILLAND

CASA
CREACIÓN

La mayoría de los productos de Casa Creación están disponibles a un precio con descuento en cantidades de mayoreo para promociones de ventas, ofertas especiales, levantar fondos y atender necesidades educativas. Para más información, escriba a Casa Creación, 600 Rinehart Road, Lake Mary, Florida, 32746; o llame al teléfono (407) 333-7117 en Estados Unidos.

Lo que la pérdida no te puede quitar por Lis Milland
Publicado por Casa Creación
Una compañía de Charisma Media
600 Rinehart Road
Lake Mary, Florida 32746
www.casacreacion.com

Visite la página web de la autora: www.lismilland.com

Edición por LM Editorial Services | www.lmeditorial.com | lydia@lmeditorial.com
Diseño de portada por: Vincent Pirozzi
Director de diseño: Justin Evans

Library of Congress Control Number: 2018940304
ISBN: 978-1-62999-383-6
E-Book ISBN: 978-1-62999-384-3

Impreso en los Estados Unidos de América
19 20 21 22 23 * 7 6 5 4 3

Dedicatoria

A mis amados hermanos: Antonio Abad y Dalia Rubí. Nos amamos con palabras, con obras y en verdad. Siempre presentes en mi vida. En los vendavales temporales, han sido un escudo protector. Los golpes de las pérdidas que hemos vivido juntos han sido fuertes, pero nunca estériles. Nos han unido más. Los amo de aquí al infinito.

A cada uno de los pacientes que han acudido al rinconcito de milagros (así le llamo al centro de consejería). Sobre todo, a los que han ido a superar una pérdida o a fortalecerse para tener el valor de dejar ir. Lograron dirigir su mirada a la luz y las sombras quedaron atrás. Ustedes son la bendición de que, al final de la jornada, el júbilo colmará mi alma al saber que me dieron el privilegio de sembrar fe donde había dudas, y esperanza donde había desesperación. Verlos a ustedes es para mí como ver el rostro de Dios.

Al pueblo puertorriqueño. Cuanto más adversas te sean las circunstancias, tanto más se revelará la fuerza de tu Dios. Me siento agradecida por ser parte de un pueblo lleno de compasión, valentía, amor y fe. Un pueblo que no teme levantarse, porque sabe en quién ha creído y de dónde es que viene su socorro…aunque sople el temporal.

Agradecimientos

Agradezco a mi Padre celestial, quien me escogió para este poderoso, desafiante y gratificante trabajo de levantar al caído y darle esperanza a quien la haya perdido. A Él le debo todo cuanto soy, pues con su amor me salvó, restauró, sanó y me ha hecho feliz. Con su inmensa gracia, ha traído a mi vida las más hermosas bendiciones. La más especial, mi esposo, Luis Armando, y la más sublime, mi hijo, Adrián Emmanuel.

Luis Armando, amado mío, gracias por acompañarme con tanto compromiso en los proyectos de Dios. Todos los días haces cosas concretas para conquistar mi corazón, cuando ya te pertenece. ¡Nada mejor que tener en el hogar un remanso de paz y un centro de alegría!

Adrián Emmanuel, mi milagro. Antes de que llegaras tenía una vida buena; pero ahora es una vida extraordinaria. Hay mucho de ti en este libro. Gracias por enseñarle a mamá a admirar y maravillarse aun de las cosas que parecen simples. Me has hecho un llamado y me he comprometido; a ser más espontánea, más trascendental y menos complicada.

Le doy las gracias a la Lcda. Gloria Ortiz, quien hizo un trabajo excelente revisando el manuscrito original. A Lydia Morales, quien con la dulzura que le caracteriza, realizó la labor de editar el libro. Me siento muy bendecida de contar con personas con tan bellos corazones y tan admirables cerebros.

Gracias infinitas a Casa Creación, por creer consistentemente en lo que Dios me ha dado. El trabajo hecho con amor los ennoblece. Realizan su labor con creatividad, paciencia y entusiasmo. Están colaborando con el Señor para forjar un mundo mejor. Son mi editorial y mi familia.

¡Dios los bendice! ¡Los amo!

ÍNDICE

PRÓLOGO

F*E NO ES esperar a que pase la tormenta, fe es aprender a cantar, creer y adorar bajo la lluvia.* No estoy seguro de que la frase sea originalmente mía; tal vez la oí o leí en el pasado. De lo que sí estoy seguro es que este magistral trabajo literario que nos dedica la doctora Lis Milland me ha recordado y me hizo revivir la verdad de esa sentencia.

El libro que tienes en tus manos se convertirá, sin duda, en una hoja de ruta que te conducirá a lo largo de los tramos más duros de la vida, guiándote hasta prados de esperanza y hermosos remansos de paz.

Con una pericia admirable a la vez que con tacto y delicadeza ejemplares, la doctora Milland no esquiva los temas más delicados e incluso controvertidos. Se adentra en ellos y los disecciona con el bisturí de la gracia. Desde el respeto a la pérdida nos enseña a orientar la mirada en dirección a la esperanza. Comprende las lágrimas, pero nos recuerda que hay quien la enjuga. Respeta la herida, pero levanta un arco iris de confianza sobre las oscuras nubes del dolor y la pérdida. La doctora Milland se convierte en cómplice del que sufre, pero toma su mano y lo acompaña hasta las suaves planicies de la fe.

Quien constantemente trae su pasado a su presente, está destruyendo su futuro. Es una máxima que siempre he promulgado y defendido. La doctora Lis Milland conecta de lleno con esa tesis, y por ello nos provee un certero manual para tratar con el pasado y orientarnos al futuro.

Cada capítulo de este libro concluye con una invitación a la oración y preguntas de aplicación. De este modo, la autora convierte las páginas impresas en un dedo índice que señala a la auténtica fuente de esperanza. Lis Milland nos recuerda que cuando nuestras alas son demasiado cortas para el vuelo que nos impone la vida, podemos encontrar en Dios una fuente de recursos inagotable. *Lo que la pérdida no te puede quitar* se torna así en un manual práctico e idóneo para ser estudiado de forma individual o en grupos pequeños.

No es la primera vez, y confío no será la última, que la doctora Lis Milland nos proporciona razones por escrito para seguir creyendo, avanzando y sonriendo, pero sospecho que *Lo que la pérdida no te puede quitar* se convertirá en un libro de consulta para cuantos quieren recordar que cada lágrima vertida puede ser agua de riego que nos reporte una cosecha de vida.

En definitiva, el libro que sostienes en tus manos no pretende más, ni tampoco menos, que ser una hoja de ruta que nos traslada hacia las cumbres de esperanza. Un mapa del tesoro que nos dirige a la máxima riqueza: la fe y la certidumbre de que la hora más oscura de la noche es justo la que precede al amanecer.

Te felicito por dedicar una porción de lo más valioso que posees, tu tiempo, para adentrarte en unas páginas que, fuera de toda duda, te darán razones para reír, tal vez llorar, pero sobre todo creer y volver a esperar...

Sin más, damas y caballeros, les dejo en la mejor

compañía: la doctora Lis Milland y su mensaje *Lo que la pérdida no te puede quitar*.

¡Será un viaje apasionante!

—José Luis Navajo,
autor de *Un verano en Villa Fe*
y *Lunes con mi viejo pastor*, entre otros

PREFACIO

¡CADA DÍA QUE pasa amo más la vida! Hay momentos sumamente dolorosos y otros increíblemente hermosos. Cuando los pongo a ambos en una balanza esta se inclina hacia los que me han dibujado sonrisas.

Mi amada hermana Lis y yo nos gozamos cuando nos suceden eventos que no son comunes. ¡Qué mucho los celebramos! Siempre vemos la poderosa y tierna mano de Dios en cada uno de ellos. Podría contar muchos. El que narraré es uno que me tocó en lo más profundo de mi corazón.

En esta pasada Navidad, Lis nos hizo una invitación a nuestro hermano Antonio y a mí a su casa. Algo curioso con nosotros tres es que cuando estamos juntos hablamos como si se fuera a acabar el mundo y reímos hasta las lágrimas. Hablamos infinidad de temas. Entre todos, le pregunté por este, su más reciente libro, y me pidió que escribiera el prefacio. "Sí", fue mi respuesta. Ese día le enseñó a mi hermano los libros que ella le había regalado a nuestro padre, quien era un ávido lector. Recordé que cuando papi murió, Lis me había pedido los libros que estaban en casa de nuestros padres porque los atesoraba. Nuestro hermano los hojeó y luego me enseñó uno que nuestro padre le había pedido de regalo. No conocía ese dato. Al abrirlo, en la primera página, en una letra grande y firmada por Lis decía:

18 de junio de 2000

Papi:
"Mi padre tiene en su mirar sereno,
reflejo fiel de su conciencia honrada.
¡Cuánto consejo cariñoso y bueno
contemplo en el fulgor de su mirada!"

Juan de Dios Peza

Recuerdo que este poema lo aprendí cuando era niña para recitártelo un Día de los Padres. Pero en aquel momento, en realidad, no entendía que la forma en que este poeta admira a su padre es la misma en que te admiro yo a ti. Esta parte que se refiere a la mirada de su papá la relaciono con todo lo que yo veo en la tuya. Tu mirada es parte de Dios y me dice muchas cosas. Estoy segura que tu mirada siempre va conmigo. Eres mi ejemplo en todas las áreas de la vida y el ser humano más hermoso que jamás haya conocido. Quiero que lo sepas hoy y que nunca lo olvides.

Quiero agradecerte los que son, a mi entender, los legados más valiosos que me has dado: el temor a Dios y el amor por Puerto Rico.

Has sido mi amigo, mi protector, mi abogado en ocasiones, y hasta mi conciencia.

Eres pilar en mi vida. Por eso, le ruego a Dios continúe llenándote de salud para seguir disfrutando de tu amor, porque tú sí sabes amar, y esa es la cualidad que más admiro de ti.

Te ama,
Lisita

Se me erizó la piel. Le tomé una foto a la página. Cuando llegué a mi casa lo leí, lo leí, y lo volví a leer; cada palabra, cada oración. ¡Dios mío! ¿Cómo en tan pocas líneas pudo expresar tanto? En esos momentos no sentí tristeza, ni nostalgia. Por el contrario, me invadió una profunda alegría.

¿Qué cosas analicé mientras lo leía? Recordé que mientras escribía mi libro *Te quiero mucho*, a raíz de la pérdida de mami y papi, reconocí que con su muerte sentía que faltaron todavía más abrazos y más "te quiero". Sentía que a mami nunca le verbalicé mi agradecimiento por sus sacrificios en sus cuidados con nosotros, estando nuestro padre enfermo. La admiraba sí, pero nunca se lo dije. Quedaron palabras de agradecimiento y admiración inconclusas. También en mi libro expreso que cuando papi murió estuve un tiempo con sentimientos de culpa. ¡Qué dolor! Su muerte fue repentina. Aunque estuve con él la noche anterior, tenía la sensación de que no hubo una despedida. Creo que pude evitar muchas lágrimas que derramé si hubiera abierto mi corazón y le hubiera dicho todo el amor que sentía por él. Pero con el tiempo y la infinita misericordia de Dios, se desvanece el dolor. En estos momentos puedo saborear los dulces recuerdos del gran amor que nos tuvimos todos.

En la dedicatoria, Lis le dijo a nuestro padre que era su ejemplo, que era el ser más hermoso que había conocido. Le agradeció sus legados, el rol de protector, amigo y abogado. Que la cualidad que más admiraba en él era que sabía amar y le dijo que lo amaba. Le dijo todo, todo lo que un padre necesita escuchar en un hijo. ¡Qué hermoso regalo! ¡Imagino a nuestro padre leyendo, calladito y emocionado, disfrutando este cántico de gratitud, admiración y amor!

Lis, hermana mía, puedes estar en paz. Haces lo que

todos debemos hacer: expresar en vida a nuestros seres queridos lo que sentimos.

Los seres humanos sufrimos pérdidas. Las pérdidas duelen. Por eso, les exhorto que hagamos de nuestras relaciones interpersonales unas llenas de elogios, gratitud y amor para que cuando llegue el momento de que estas ocurran, duelan menos.

Leer estas palabras para nuestro padre, aunque me trajeron a la memoria la pérdida de ambos, fue uno de esos eventos que hacen que uno vea la mano y el corazón de Dios. ¡Independientemente de las circunstancias, debemos amar cada vez más la vida!

—Dalia Rubí Milland

CAPÍTULO 1

LO QUE LA PÉRDIDA
NO SE PUEDE LLEVAR

Aunque un ejército acampe contra mí, no temerá mi corazón; aunque contra mí se levante guerra, yo estaré confiado. Una cosa he demandado a Jehová, ésta buscaré; que esté yo en la casa de Jehová todos los días de mi vida, para contemplar la hermosura de Jehová, y para inquirir en su templo.
~ **SALMO 27:3-4** ~

EN ALGUNA OCASIÓN, se realizó un concurso de pintura. El premio lo obtendría el artista que mejor representara lo que es la paz. El tercer lugar se lo otorgaron a la pintura de un hermoso campo. Distintos tonos de verde se entremezclaban. Allí se destacaban frondosos árboles. Algunos estaban cargados de frutos y otros estaban impregnados de flores. Mil colores se veían entre las hojas. En el fondo se levantaban imponentes montañas, salpicadas con erguidas palmeras.

En la pintura que obtuvo el segundo lugar, se podía observar un perfecto mar sereno. En un hermoso juego cristalino, el cielo y el mar se hacían uno. Los rayos del sol entre las nubes parecían finas pinceladas de miel. Todo el que se detenía frente a esa pintura fantaseaba con que se

1

sumergía en el agua y quedaba atrapado en ese remanso de total quietud.

La sorpresa mayor se la llevaron las personas al ver la pintura que ganó el primer lugar. ¡Era un huracán! Se podían ver los violentos vientos, las casas destrozadas, los escombros volando, los vehículos volcados y los árboles caídos. Muchos se preguntaban: ¿Por qué este cuadro obtuvo el primer premio representando lo que es la paz? Pero para quienes fueron buenos observadores, la razón estaba muy clara. En una rama de uno de los árboles caídos por la furiosa tempestad, había un pajarito azul y amarillo. Se sentía feliz y estaba cantando.

> La verdadera paz consiste en que, aunque haya pérdidas, la persona pueda cantar y experimentar gozo.

La verdadera paz consiste en que, aunque haya pérdidas, la persona pueda cantar y experimentar gozo. El apóstol Pablo declaró que él había aprendido a contentarse y estar satisfecho, sin importar cuáles fueran sus circunstancias (ver Filipenses 4:11). El gozo por encima de la pérdida, es un lugar maravilloso donde estar. La paz y el contentamiento son los mejores refugios para el dolor emocional. Creo que llegarás a cantar aunque te sientas en el ojo del huracán. Que podrás cantar igual que el salmista:

"En cuanto a mí, yo cantaré de tu poder; cada mañana cantaré con alegría acerca de tu amor inagotable. Pues tú has sido mi refugio, un lugar seguro cuando estoy angustiado. Oh Fortaleza mía, a ti canto alabanzas, porque tú, oh Dios, eres mi refugio, el Dios que me demuestra amor inagotable".

—Salmo 59:16–17, NTV

Reconozco, que hay pérdidas que nos hacen sentir nuestro vaso tan lleno de dolor, que la felicidad, el sentido de bienestar y el deseo de manifestar un cántico nuevo, se ven muy lejos. Pero te exhorto, amado lector, que aunque hoy estés siendo aplastado y prensado como las uvas, trates de ver más allá: el vino nuevo en el que te estás convirtiendo.

Hay momentos muy dulces en la vida, donde hay motivos para celebrar y reír. Pero también hay otros momentos en los que se asoma a la puerta el dolor emocional de la pérdida. Donde puede tenerse la sensación de que las cosas van tan mal que nuestra vida se vuelve un caos, de que está ocurriendo lo inexplicable o lo que no merecemos. ¿Es la paz y el gozo una posibilidad dentro de nuestros quebrantos?

HAY QUE TOMAR UNA DECISIÓN

Ante las pérdidas, hay que tomar una decisión: me rindo o me levanto. Las pérdidas son inevitables, pero lo que estas representarán en nuestras vidas es una elección. Te recomiendo creer que encontrarás los tesoros de gozo, bendición y propósito en esta pérdida. Las pérdidas tarde o temprano tocarán a tu puerta. Esta es la realidad. Vivimos en la Tierra, todavía no

> El ser humano lo puede perder todo, excepto una cosa: la fuerza de elegir lo que las experiencias de la vida significarán.

3

vivimos en el cielo. Si esperamos vidas perfectas, viviremos en permanente estado de desilusión. Mientras estemos transitando por esta interesante ruta llamada vida terrenal, pasaremos por separaciones, lutos, enfermedades, escasez y muerte. Pero quedar derrotados frente a ellas es una elección. El ser humano lo puede perder todo, excepto una cosa: la fuerza de elegir lo que las experiencias de la vida significarán.

Hay una tendencia a ser educados para fijarnos más en lo que perdemos, que en lo que ganamos. A darle mayor importancia a lo que NO tenemos, que a todas las bendiciones de las que disfrutamos. Cuántas veces he escuchado a pacientes en mi oficina de consejería hacerse a ellos mismos el decreto y la afirmación: "Ya no tengo esto, o he perdido aquello, entonces nunca volveré a ser feliz". Eso no tiene que ser así. La felicidad es una decisión, que va más allá de las situaciones presionantes que nos ha tocado vivir, y te aseguro que vale el esfuerzo ser feliz.

> El gozo bíblico está inmerso en la crisis, el caos, la tristeza, la carencia y la oscuridad.

Se puede ser esencialmente feliz en medio de la pérdida. Si la felicidad verdadera no se levanta en medio de la tragedia, no se levantará nunca. Las pérdidas son el escenario perfecto para descubrir este tipo de gozo. El gozo del que habla la Biblia no es uno en el que estemos libres de pérdidas y aflicción. El gozo bíblico está inmerso en la crisis, el caos, la tristeza, la carencia y la oscuridad. Parece una contradicción, pero por experiencia testifico que es una realidad. Es posible experimentar sentimientos de bienestar aun en las tribulaciones.

> "Y no sólo esto, sino que también nos gloriamos en las tribulaciones, sabiendo que la tribulación produce paciencia; y la paciencia, prueba; y la prueba, esperanza; y la esperanza no avergüenza; porque el amor de Dios ha sido derramado en nuestros corazones por el Espíritu Santo que nos fue dado".
>
> —Romanos 5:3-5

Las pérdidas, y otro tipo de tribulaciones, no tienen que determinar que nos quedaremos en el suelo. Cada día y en cada momento, por la fuerza y el poder del Espíritu Santo, podemos ser capaces de recrear nuestra vida. El gozo verdadero no reside en lo que tenemos, ni en los logros particulares. Se halla verdaderamente en Cristo y en lo que Él hace con nuestra mente y en nuestro corazón. El Señor no solamente nos hace encontrar en Él nuestra alegría, sino que Él es la fuente inagotable de gozo que nos ayuda a conservarla en un mundo en el que hay sufrimiento. Cada día es una oportunidad para descubrirla y empezar otra vez.

Antes pensaba que cuando venía el sufrimiento intenso por causa de una pérdida, era un arma satánica para destruirme. En la medida en que he ido madurando espiritualmente, he podido comprender que el Señor todo lo usa, y a través de todo Él se glorifica. Dios utiliza cada experiencia para revelarnos sus misterios que están escondidos en los lugares secretos del dolor emocional. Tal vez, tú has hecho una oración parecida a la que yo hice cuando mi

> Dios utiliza cada experiencia para revelarnos sus misterios que están escondidos en los lugares secretos del dolor emocional.

5

esposo entró a una reincidencia de cáncer, y me descubren la misma enfermedad a mí también: "Señor, ten misericordia de nosotros. No me interesa que me reveles nada nuevo. Quiero que estemos sanos física y emocionalmente. No quiero pasar por esto para tener crecimiento. Prefiero vivir subdesarrollada espiritualmente a pasar por este dolor. Crecer a través de esto me molesta demasiado". Hoy, luego de haber pasado todo el proceso y estar sanos, estoy agradecida de que no fue a mi manera, sino a la de Dios. ¡Han sido tantos los tesoros que estaban escondidos para nosotros detrás de esa crisis!

NO EXISTEN ATAJOS

Nadie quiere curvas, peldaños, obstáculos o rocas en el camino. No son llamativos. No son deseados. Pero tienen una razón de ser. Existen para llevarnos a un nivel más alto. La Biblia dice en el Salmo 37:23 que los pasos de los justos son ordenados por el Señor, y esto incluye los que damos dentro del camino tenebroso.

A mí no me gustan los procesos dolorosos, ni complejos, como seguramente a ti tampoco. Por encima de todo me resisto a las vivencias que envuelvan tránsitos interminables. Soy la niña pequeña en mi hogar. Mi madre quedó embarazada de mí cuando tenía 44 años y mi padre 50. Fui un bebé milagro, porque mi mamá no podía tener más hijos. Mis hermanos me llevan 17 y 13 años. Esto hizo que fuera bastante consentida por todos en mi infancia. Así que entiendo que la combinación de mi formación, con mi temperamento, hace que sea una persona a la que se le hace difícil esperar. No me visualizo haciendo un trabajo sedentario, ni monótono. Me impaciento cuando tengo que hacer filas.

Detesto hablar con máquinas por teléfono que contestan de forma automatizada. Me gusta provocar por mí misma que las cosas ocurran. Así que ha sido toda una aventura espiritual, reconocer y someterme a que dependo de un Dios soberano, que ordena mi vida y que establece la forma del camino.

En ocasiones, he elevado oraciones al cielo para que Dios diseñe la ruta a mi manera. He querido que aborte ciertos procesos. Según mis criterios y mi lógica. También he orado para que Dios acelere las cosas. En estos momentos, estoy agradecida de que el Señor sea el que haya ordenado cada uno de mis pasos y haya tenido el control de los tiempos. ¡Qué bueno que así será hasta el último latido de mi corazón!

Al ir creciendo en el camino, me he percatado que es maravilloso el hecho de que nada ocurre en mi vida sin una dirección y sin un propósito que me supera a mí misma, porque es un asunto profundo. En cada experiencia de crisis le he tenido que recordar a mi alma que hay una clase, un curso que tengo que tomar. Que ese prontuario ha sido divinamente orquestado. No hay forma de pasar al próximo nivel hasta que haya pasado el curso actual. De hecho, he tenido que vivir la repetición de cursos, hasta pasar la clase. ¿A ti también te ha ocurrido?

Son muchas las personas, que ya matriculadas, renuncian al duro trabajo del proceso. Se resisten. No aguantan. Lo consideran como algo muy, muy, muy duro. Se desencantan en los procesos porque los sienten tediosos, abrumadores y porque no ven resultados. ¡Es que aprender y crecer duele! No debemos perder de perspectiva que el proceso precede a la victoria. Las personas sabias confían en el trayecto. Están convencidas de que el amor de Dios lo cubre todo. Comprenden que el viaje es más importante que la llegada.

> Nuestras vidas
> no siempre serán
> fáciles, pero en
> toda ruta caminada
> hay milagros,
> respuestas, sorpresas
> y gloria de Dios.

Nuestras vidas no siempre serán fáciles, pero en toda ruta caminada hay milagros, respuestas, sorpresas y gloria de Dios. No existen atajos para llegar a conocer mejor al Todopoderoso. No existen atajos para conocer cómo Él obra en medio de las pérdidas. No existen atajos para experimentar sublimemente su misericordia. No existen atajos para convertirnos en testimonios vivos de su poder. No existen atajos para ser transformados.

Debes respetar los sacrificios que estás haciendo hoy en medio de tu proceso. ¿Sabes que te ocurrirá? Que llegará el momento en el que te sentirás satisfecho de lo que has logrado con la ayuda de Dios. Algún día mirarás al pasado y te percatarás que no eres la misma persona de hace un tiempo atrás. Incluso, puedes llegar a admirar a la persona en la que te has convertido a través de este viaje.

Hay una ruta inevitable... porque para tener la autoridad de hablar del polvo del desierto, hay que haber pasado por él. Para poder hablar de resurrección con toda convicción, hay que haber pasado por procesos de muerte. La voz de Dios suele ser anticipada por profundos silencios. Las más grandes victorias, precedidas por crisis. Los más extraordinarios milagros tuvieron como preludio malas noticias. Para predicar con frutos y en los frutos, se tuvo que haber sido primeramente una semilla que cayó sola al suelo y germinó. Lo importante es que no se pierdan la fe y la esperanza. Sin ellas, estaríamos perdidos.

La fe y la esperanza dentro de la ruta de la adversidad y del dolor de las pérdidas, nos animan a levantar los ojos por encima de los gigantes. Nos impulsan a encontrar la luz de la aurora, sabiendo que cuando más oscura está la noche es porque se anuncia un nuevo amanecer y con él, una nueva oportunidad. La fe y la esperanza, independientemente de las pérdidas, nos invitan a anticipar lo mejor de Dios, por encima de las palabras que hayan entrado por nuestros oídos, más allá de lo que estamos escuchando o de lo que estamos viendo con nuestros ojos físicos, o de cuales sean los pronósticos, porque:

> La fe y la esperanza dentro de la ruta de la adversidad y del dolor de las pérdidas, nos animan a levantar los ojos por encima de los gigantes.

> "…los que esperan a Jehová tendrán nuevas fuerzas; levantarán alas como las águilas; correrán, y no se cansarán; caminarán, y no se fatigarán".
>
> —Isaías 40:31

La fe y la esperanza nos ayudan a comprender que las batallas no son nuestras, sino que le pertenecen a Dios, y como es Él quien pelea, de alguna forma, va a haber triunfo. La fe y la esperanza nos dan paz, seguridad y descanso. Sin embargo, puede ser normal que ante los momentos duros de la vida nos turbemos y sintamos miedo. Nuestro amado Señor Jesús, en su parte humana, experimentó todo tipo de quebranto y sintió todo tipo de emociones. Pero allí no se quedó. Él venció. Tal y como Él venció, de la misma manera lo podemos hacer nosotros, ya que "…en todas estas cosas somos más que vencedores por medio de aquel que nos amó" (Romanos 8:37).

EL PLAN DE DIOS SIEMPRE ES MEJOR

Cuando mi esposo y yo nos casamos no estábamos muy concentrados en el hecho de tener hijos. Pero en la medida en que fue pasando el tiempo, ese anhelo fue apareciendo. Nunca usamos un método para evitarlos. Al llevar un año de casados y no quedar embarazada, buscamos ayuda médica. Nos hicieron muchos estudios a ambos. Decidimos comenzar tratamientos para lograr un embarazo y ser padres.

Muchos de estos tratamientos suelen ser tediosos, metódicos, dolorosos, costosos y hasta abrumadores. En mi caso particular, me estaba inyectando hormonas para provocar la ovulación. Las inyecciones me generaban cambios en el estado anímico y algunos síntomas físicos. Aumenté dramáticamente de peso y me sentía cansada. Mi esposo aprendió a ponerme las inyecciones, y fue muy compasivo conmigo en todo el proceso. En uno de los tratamientos, se logró que uno de los óvulos se fecundara, pero el embrión no llegó a adherirse al útero. Perder este potencial embarazo fue una experiencia muy dolorosa a nivel emocional, tanto para mi esposo como para mí. Habíamos invertido fuerza mental, física y mucha fe. Esta pérdida venía acompañada de la pérdida de la esperanza de la maternidad y la paternidad. De esto casi no se habla, pero la esterilidad puede ser bien dolorosa.

Recuerdo con toda claridad que cuando me dieron la noticia de que las cosas no habían salido como se esperaba y tenía que entrar a una sala de cirugía, se acercó una enfermera que me vio llorando, y me dijo estas palabras: "Todo es mejor en el tiempo del Señor". Entonces allí, entre sollozos, le dije a Dios: "Como quiera te amo y estoy agradecida".

Dar gracias provoca un cambio mental sobre toda situación. Me generó una reorientación a la voluntad de Dios y una aceptación absoluta. Sentí paz. Es imposible permanecer con tristeza, frustración, rabia o cualquier

> Dar gracias provoca
> un cambio mental
> sobre toda situación.

otra emoción negativa en presencia de la auténtica gratitud al Señor. No puede haber en el mismo lugar y al mismo tiempo un hermoso día de sol y un oscuro día de tormenta. Por lo tanto, expresar gratitud dirige nuestra mente, alejándola del miedo y enfocándola hacia la verdad de Dios, eliminando toda negatividad, dolor y sufrimiento.

La pérdida de un potencial embarazo y aceptar la infertilidad coqueteó con mi alma para que se gestara la depresión. La tristeza es inevitable, pero la depresión puede ser una opción. Ya se sabe científicamente que la mente no es la responsable de todas las depresiones. Alrededor de un veinticinco por ciento de ellas se deben a alteraciones bioquímicas. Sin embargo, la mente, y por ende, la forma en que interpretamos las experiencias de la vida, sigue siendo la principal causante de la depresión. La pérdida debe encontrar vulnerabilidades psicológicas específicas para que germine la depresión; de no ser así, nada pasa. En este caso, yo decidí que fuera una oportunidad de saber que puedo permanecer firme en el amor de Dios a pesar de las circunstancias, y no deprimirme. Gracias a la fortaleza que proviene del Señor, pude lograrlo.

Con los años, pudimos comprender que esa pérdida era una ficha dentro de un rompecabezas muy grande que aún no conocíamos. En aquel momento, llegamos a pensar que eso "nos había salido mal". En el perfecto plan de Dios, "todo iba muy bien". Pues cuatro años más tarde, un hermoso niño de cinco años, nos escogió para ser sus padres. Ese es nuestro amado hijo, Adrián Emmanuel. Nos convertimos en padres, no porque necesitáramos un hijo, sino porque un niño necesitaba tenerlos. Y eso es una experiencia con un tipo de amor único, puro y absolutamente fascinante.

No te escribo con la intención de decirte que las pérdidas y las desilusiones de la vida se solucionan mágicamente. Tampoco puedo testificarte que el Señor me sanó de la esterilidad. Solo te muestro mi realidad y reconozco que aún, al día de hoy, tengo algunos retos en mi cuerpo con respecto a esa condición. Sin embargo, estoy aquí para demostrarte que el Espíritu Santo me redimió de esa experiencia, su gracia me ayudó a sobrellevarla, y a permanecer firme por el gozo de tener en mi vida algo mayor de lo que yo soñaba: la bendición de mi hijo, parido por el corazón. Aprendimos que Dios tiene el control de todas las cosas. Pudimos liberarnos de nuestro guión humano para entrar en el guión de Dios. Él no solo nos demostró su incondicional y eterno amor, sino que también quería amar a través de nosotros. ¡Qué maravilloso es el pincel del Arquitecto del amor! Por eso te digo: Lo que no estás comprendiendo ahora, lo vas a entender después. El plan de Dios siempre es mejor. En Jeremías 29:11 (RVC) dice:

"Solo yo sé los planes que tengo para ustedes. Son planes para su bien, y no para su mal, para que tengan un futuro lleno de esperanza".

ORACIÓN

Gracias Señor por demostrarme que estás conmigo. Que aún en los momentos más inciertos, tú tienes para mí la provisión de un profundo gozo y de una inexplicable paz. Gracias por revelarme que aún en el dolor puedo tener bendiciones, deleites y risas. Enséñame lo que significa cantar en medio de la tempestad. Ayúdame a descubrir una nueva manera de pensar sobre las pérdidas, y en cuanto a lo que estas no se pueden llevar de mí, ni de mi fe. En ti confío. En el poderoso nombre de Jesús, amén.

PARA REFLEXIONAR Y APLICAR

1. ¿Cuál es la pérdida o pérdidas que estás manejando en estos momentos?

2. ¿Cómo evalúas que estás manejando esas pérdidas?

3. ¿Qué es lo que el manejo de esas pérdidas te revela acerca de la profundidad de tu relación con Dios?

4. ¿Cómo te hace sentir entender que Dios te acompaña con su gozo y su paz en medio de las pérdidas?

CAPÍTULO 2

DEL TRAUMA
AL TRIUNFO

Pero una mujer que padecía de flujo de sangre desde hacía
doce años, y que había gastado en médicos todo cuanto
tenía, y por ninguno había podido ser curada, se le acercó
por detrás y tocó el borde de su manto; y al instante se de-
tuvo el flujo de su sangre. Entonces Jesús dijo: ¿Quién es
el que me ha tocado? Y negando todos, dijo Pedro y los
que con él estaban: Maestro, la multitud te aprieta y te
oprime, y dices: ¿Quién es el que me ha tocado? Pero Jesús
dijo: Alguien me ha tocado: porque yo he conocido que
ha salido poder de mí. Entonces, cuando la mujer vio que
no había quedado oculta, vino temblando y postrándose
a sus pies, le declaró delante de todo el pueblo por qué
causa le había tocado, y cómo al instante había sido sa-
nada. Y él le dijo: Hija, tu fe te ha salvado; ve en paz.

~ LUCAS 8:43–48 ~

ERA LA NAVIDAD. Mi familia y yo estábamos
disfrutando de un viaje por vacaciones. Fuimos a
una hermosa isla en el Golfo de México. Vivimos intensamente esta experiencia en las primeras navidades con
nuestro hijo. Nunca Adrián Emmanuel había tenido la experiencia de las fiestas navideñas fuera del albergue para

niños huérfanos. ¡Al fin las disfrutaba con una familia! ¡Su familia! ¡Nuestra familia! Nos sentimos inmensamente felices. Cada instante de esas vacaciones estaba siendo una fiesta rebosante llena de amor y gratitud.

Una tarde, descansando en el hotel, recibo un mensaje de texto de un hombre de Dios. El mensaje leía: "He estado inquieto, orando por ustedes y la palabra que recibo es esta: 'Jehová dio, Jehová quitó, sea el nombre de Jehová bendito'". El corazón me dio un vuelco. Tengo la convicción de que antes de pasar por procesos duros, de alguna manera el Señor, por su misericordia, nos lo deja saber primero. Esto está manifestado en la Biblia cuando dice:

> "Ciertamente el Señor Dios no hace nada sin revelar su secreto a sus siervos los profetas".
>
> —Amós 3:7

No le dije nada a mi esposo. No quería inquietarlo. La estábamos pasando tan bien y quería seguir disfrutando. Pero al otro día, yo seguía incómoda. Recibo otro mensaje de texto de la misma persona que decía: "Nadie va a morir, aunque la nave se destruya, ninguna vida se va a perder". Esto fue un alivio. Presentí que íbamos a enfrentar una situación compleja, pero que Dios tenía el control y que al final tendríamos la victoria. Pero aún en ese momento no me imaginaba cuánto iba a necesitar esas palabras más adelante para no perder la fe.

Al llegar a nuestro hogar en Puerto Rico en enero, tanto mi esposo Luis Armando y yo, le dimos seguimiento a unos estudios médicos que nos habían realizado. Nunca podré olvidar cada detalle del día que a ambos nos leyeron los resultados. Fuimos a un oncólogo pues me habían descubierto seis tumores en la tiroides y el resultado de la biopsia fue que eran cancerosos. El cáncer también había metastatizado y la categoría estaba en nivel seis. Luego de recibir esta noticia procedimos a buscar los resultados de los estudios que le habían hecho a mi esposo. Hacía dos años, mi esposo había superado un cáncer de tiroides y ahora sus resultados reflejaban un sospechoso tumor Hodgkin, que es un tipo de cáncer que se origina en el tejido linfático y los órganos relacionados que forman parte del sistema inmunológico y del sistema productor de sangre del cuerpo. Además, identificaron dos tumores malignos cerca de la tráquea en etapa dos. Ahí estábamos, mi esposo y yo, recibiendo los dos diagnósticos de cáncer el mismo día.

Nuestra mayor preocupación era cómo íbamos a manejar esa serie de tratamientos cuidando a nuestro hijo. Un niño de seis años, especial, y que nos necesita. Ya sabíamos, por lo que habíamos vivido cuando Luis Armando manejó su primera experiencia de cáncer, lo complejo que es el proceso. Pero tomamos la decisión de creer que Dios nos daría la fortaleza necesaria para lograrlo, y que nos manteníamos en la fe de que tal y como el Señor había sanado a mi esposo una primera vez, ahora lo volvería hacer. Nos detuvimos a mirar hacia atrás y ver cómo en el pasado Dios nos libró, nos rescató y nos salvó. Nos envió a personas maravillosas que nos sirvieron de apoyo. Dios es fiel y estábamos anclados en una promesa: "aunque la nave se destruya, ninguna vida se va a perder". Morir en Cristo es ganancia, pero sabíamos que Él todavía no ha terminado con nosotros sus propósitos aquí en la tierra, y que también tenemos una función en la dirección de nuestro niño por los grandes planes que tiene para su vida.

El sospechoso tumor Hodgkin en mi esposo resultó

no ser de ese tipo. Esto fue una buena noticia. Teníamos entonces que planificarnos con el cirujano para ambos ser operados, para remover los tumores cancerosos, y luego ir también los dos a radioterapia. Mi esposo insistió en que me operaran a mí primero. Esto fue una manifestación de la sensibilidad y misericordia que habita en mi esposo. En el cáncer, el tiempo es importante. Ceder tiempo es un acto de amor y estoy agradecida.

Mi esposo salió muy bien de su operación, pero cuando me operaron a mí previamente algo no salió como esperábamos. Resultó que había más cáncer de lo que el cirujano creía. Incluso un carcinoma estaba adherido al nervio reaccionario de la voz. Para el cirujano poder sacarlo tuvo que pasar la navaja por ese nervio. Entonces me estaba enfrentando a una nueva noticia: había perdido la voz.

La pajarera NO es mi lugar

Visité tres especialistas para explorar algún diagnóstico y pronóstico con respecto a la voz. Me hicieron diferentes estudios, incluyendo ver mis cuerdas vocales a través de cámaras. El resultado era parálisis de la cuerda vocal derecha y diafonía. La voz prácticamente no me salía, me daba mucho cansancio al hablar, fatiga, asfixia y tenía problemas para tragar. El cirujano me indicó que tendría que volver a operarme, aun con el riesgo de que si la entubación de la anestesia lastimaba la cuerda vocal izquierda tendrían que hacerme traqueotomía. La traqueotomía es una apertura a través del cuello, dentro de la tráquea, por donde se respira y se habla por medio de un tubo.

Una noche le abrí toda mi alma al Señor y le expuse cómo me sentía con lo que estábamos viviendo. Le dije que no quería que pasáramos por esa situación. Lloré y grité en su presencia; ese extraordinario lugar al que podemos ir sin máscaras. Ventilar nuestras emociones es muy necesario en estos procesos. Es peligroso almacenarlos y reprimirlos.

Mi mejor forma de demostrar amor, en el ministerio, en mi profesión, es por medio de la voz. Estaba confundida. Pero sucedió algo. Comencé a sentir esa noche que podía estar en una zona peligrosa de dolor emocional. Me visualicé como un pájaro dentro de una pajarera. Vino a mi mente la idea de renunciar al ministerio y dejar la consejería. Doy gloria a Dios porque eso fue un pensamiento fugaz. Inmediatamente reaccioné, y le dije al Señor: "No me voy a meter en la pajarera; ese no es mi lugar". Entonces mi habitación se llenó de una poderosa presencia. Cuando la presencia de Dios se manifiesta en un escenario, todo cambia.

> Ventilar nuestras emociones es muy necesario en estos procesos. Es peligroso almacenarlos y reprimirlos.

Me comprometí con el Señor a tomar de la mejor manera posible esta pérdida. Que continuaría siendo para mi esposo la mujer divertida y alegre de la que se enamoró. Que sería para mi hijo un modelo de que uno no se rinde ante los embates de la vida. Que estaba segura de que el Señor seguiría glorificándose en el ministerio y en las consejerías, porque Él solo necesita nuestra disposición para servirle. Él no necesita nada más de nosotros, ni siquiera

> Dios está buscando personas que estén disponibles, no necesariamente que sean capaces.

nuestra voz, cuando quiere glorificarse. Dios está buscando personas que estén disponibles, no necesariamente que sean capaces.

El billete de cinco

Cuando salí de la oficina médica de la última especialista que visité, antes de hacerme una segunda operación para remover más cáncer y escuchar una serie de pronósticos negativos, sobretodo en cuando a mi voz, me fui a almorzar. Era un trauma pedir en lugares públicos, porque la gente ni me oía, ni entendía lo que yo hablaba. Estaba en un restaurante de comida rápida y pedí un emparedado. Cuando la dependiente me entregó el cambio de dinero, me dijo: "Ay, discúlpeme por entregarle un billete que está escrito". En ese momento, no le di mucha importancia.

Cuando me siento a comer puse el cambio, que era un billete de cinco y unos centavos, encima de la mesa. Entonces me arropó una inmensa curiosidad: *¿Qué será lo que dice el billete?* Entonces lo tomo en mis manos y leo escrito a bolígrafo negro Filipenses 4:13:

"Todo lo puedo en Cristo que me fortalece".

Me dio con voltear el billete, y resultó que estaba escrito también por detrás. Decía:

"Ser feliz, no importa nada más".

Entonces, no podía dudar de que ese fuera un mensaje directo y personal, cuando esta última frase es casi idéntica al lema del ministerio que el Señor ha puesto en nuestras manos:

"Sé feliz, independientemente de las circunstancias que te rodean".

Ese billete de cinco lo guardo como un gran tesoro. Cada vez que lo veo es un recordatorio de que aunque pasemos por procesos verdaderamente duros, Dios nos hará saber que no estamos solos; que Él está con nosotros. Espero que en este momento tú recibas también un mensaje del Señor haciéndote saber que está contigo.

> Aunque pasemos por procesos verdaderamente duros, Dios nos hará saber que no estamos solos; que Él está con nosotros.

"No temas, porque yo estoy contigo; no desmayes, porque yo soy tu Dios que te esfuerzo; siempre te ayudaré, siempre te sustentaré con la diestra de mi justicia".

—Isaías 41:10

"Y pelearán contra ti, pero no te vencerán, porque yo estoy contigo, dice Jehová, para librarte".

—Jeremías 1:19

EL MILAGRO DE LA VOZ

Sin tener prácticamente voz, predicaba, daba consejería, hacía radio, reía y amaba. No cancelé nada en la agenda. Incluso, hice varios viajes a otros países para predicar. Yo me imagino que cuando mis anfitriones me iban a buscar al aeropuerto y se percataban de que no tenía voz, se preocupaban. Se preguntaban cómo iba a ministrar en esos retiros y campañas. Pero lo que Dios hizo, y cómo su Espíritu se movió, fue algo sorprendente que no se puede explicar con palabras.

Mis pacientes de la oficina de consejería muchas veces me dijeron que a ellos les bendecía ver cómo el Señor me estaba ayudando a vencer día a día. Doy gracias al Señor por haberme permitido ser un testimonio vivo para ellos. Que ser felices independientemente de las circunstancias es algo que puede lograrse, y que "el gozo del Señor es nuestra fortaleza" (Nehemías 8:10, NVI).

Un día llegué a casa bastante tarde en la noche. Había estado todo el día ofreciendo servicios de terapias en el centro de consejería. Mi esposo y yo nos sentamos en la sala de la casa. Por haber estado todo el día trabajando y esforzándome, solo me salía un hilo de voz. Luis Armando me hablaba de lo que estábamos aprendiendo en el proceso. Súbitamente comienzo a experimentar una extraña sensación en mi cuerpo. Sentía como una corriente eléctrica que entraba por mis hombros y viajaba por todo el cuerpo. Entonces le digo a mi esposo: "No entiendo lo que estoy sintiendo". Lo grandioso fue que pude comenzar a hablar con claridad, en un tono de voz firme y fuerte. Comienzo a repetir: "Gloria a Dios, gloria a Dios, gloria a Dios"; y cada "Gloria a Dios" se oía más alto. A partir de ese momento hasta el día de hoy, mi voz es estruendosa y clara. Siento que tengo una voz más aguda y más firme que la que tenía antes del diagnóstico.

En pocas semanas, tuve que visitar a un neumólogo para que aprobara si estaba lista para la segunda cirugía. Llegué a su oficina con todos los documentos médicos, estudios, diagnósticos, pronósticos y riesgos. Lo primero que me dijo ese doctor fue: "Pero es que no entiendo cómo es que los estudios muestran que tiene parálisis de cuerda vocal y que

le hayan hecho el diagnóstico de diafonía, ¡y que
hablando perfectamente cuando eso no es posible!
tras el médico decía estas palabras, venía a mí la Palabra
Dios cuando dice en Jeremías 32:27 (LBLA):

> "He aquí, yo soy el Señor, el Dios de toda carne, ¿habrá
> algo imposible para mí?".

El neumólogo tenía muchas figuras de Don Quijote en
su oficina. Ese personaje de la novela escrita por el español
Miguel de Cervantes que buscaba un ideal en lo real, y estaba loco. Don Quijote tenía alucinaciones. Una de las más
famosas es cuando se pone a luchar con unos molinos de
viento creyendo que eran gigantes. Yo pensé: *Cuando le
diga al médico la experiencia de sanidad milagrosa que tuve
en casa, va a creer que yo también estoy viendo gigantes por
molinos, y me va a referir a un psiquiatra.*
Me armé de valor y le conté al médico sobre la sanidad.
Le testifiqué que había tenido la misma experiencia de la
mujer del flujo de sangre que aparece en la Biblia. Esa que
tuvo fe y al tocar el borde del manto del Señor Jesús fue
sanada. ¡Qué mucho disfruté de la reacción del médico
cuando terminó de escucharme atentamente hasta el final!
Me dijo: "La entiendo perfectamente, porque yo soy cris-
tiano". ¡Aleluya! Me encontré con un hermano en la fe.

SOMOS BENDECIDOS

"Elige vivir bajo la bandera de la victoria y de la bendición…alza cada día ese estandarte y guarécete en
su sombra".
—José Luis Navajo

noticias que su sabor son "retos y
...e fe, es importante detenerse y re-
...á abierta o cerrada para el gozo y la
...e incapaz de tener estas emociones
...a el día de la pérdida, como lo fue en
...érdida de la salud. Sin embargo, te
reto a que aprendas y vivas el hecho de que puedes con-
servar esencialmente el gozo y la paz por encima y a través
de los procesos complejos.

> Las pruebas, aun las más intensas, tienen los ingredientes necesarios para que nosotros seamos transformados en seres más compasivos y maduros.

Un factor importante que nos ayuda a lograrlo es tratar de fluir de forma lo más natural posible. Si entramos en la zona de la resistencia a los procesos, sufrimos más. Es indispensable entender que las pruebas, aun las más intensas, tienen los ingredientes necesarios para que nosotros seamos transformados en seres más compasivos y maduros.

Otro factor, es estar agradecidos de las bendiciones que se manifiestan en el trayecto. Estando en el punto rojo de la crisis, una tarde llegué del trabajo a casa, y mi esposo había colgado un cuadro en la pared que lee: "Somos bendecidos". Por encima de cualquier situación, podemos asumir una actitud de bendición. Debido a que Cristo mora en nosotros, podemos contactarlo adentro y disfrutar de todo lo que Él nos proporciona, aun en medio de la dificultad. Cristo en nosotros es la bendición; es la más amplia, pura, plena y real.

Gracias, Señor Jesús, por morir en la cruz, a fin de que pudiera ser bendecida juntamente contigo ahora mismo y más allá de todo lo que me ha tocado vivir. Fue escrito que es maldito todo aquel que es colgado en un madero. Siendo el Hijo de Dios, te hiciste maldito. ¡Lo hiciste por amor a nosotros! Deseo que cada lector pueda abrir los ojos de su alma para que puedan comprender por encima de su inquietante situación, que hay una identidad de bendición que les alcanza por causa de la cruz. Que puedan experimentarte a ti, Cristo, como la bendición más alta del universo. Te pido que no se pierdan de los milagros diarios que se producen en el camino hacia el milagro final que están esperando. La puerta del gozo y la paz está abierta si pueden afirmar que el horno de fuego, la cueva, el desierto y la fosa no son lugares de permanencia, sino de trascendencia.

> La puerta del gozo y la paz está abierta si pueden afirmar que el horno de fuego, la cueva, el desierto y la fosa no son lugares de permanencia, sino de trascendencia.

LA VICTORIA ESPERADA

Llegó el día de la segunda cirugía. Creo que la anestesia me la puso Dios desde que salí de mi casa, porque tenía una paz indescriptible. Es que la paz que el Señor da, aun en los momentos más inciertos de nuestra vida, es así. Ya lo dijo Jesús:

25

"La paz les dejo, mi paz les doy; yo no la doy como
el mundo la da. No dejen que su corazón se turbe y
tenga miedo".

—Juan 14:27, RVC

Al salir de la sala de operaciones y despertar fue maravilloso estar rodeada de seres queridos. El apoyo a los en-
fermos es importante. Estoy agradecida por las personas
que nos acompañaron en esta experiencia. Imitaron fiel-
mente a Jesús. Esto incluye a una buena amiga, colabora-
dora del ministerio, que se quedó conmigo en el hospital
hasta que fui dada de alta. Aunque en la noche de la operación yo tenía dolor como resultado de la cirugía, estaba a la
expectativa de que al día siguiente iba a recibir buenas noticias. Eso dice en Salmo 30:5 (LBLA):

"...el llanto puede durar toda la noche, pero a la mañana vendrá el grito de alegría".

En efecto, temprano en la mañana, el cirujano fue a
verme y todo lo que habló fue poderoso. Lo primero que
dijo fue que había logrado ver mis cuerdas vocales a través
de un monitor y que las dos se estaban moviendo. El médico
estaba certificando el milagro que el Señor había hecho con
la voz. Dijo también que tuvo la experiencia como que solo
tuvo que abrir y todo comenzó a acomodarse. Se creía que
yo podía llegar hasta estar tres días entubada en cuidado in-
tensivo, pero nada de eso fue necesario. Me indicó que mis
niveles de calcio estaban más altos que cuando entré al hospital, lo que no es común, y que había sacado todo el cáncer.

Mi amiga y yo nos mostramos bien felices. Ella hasta le
pidió al doctor tomarnos una foto y salimos con una sonrisa de oreja a oreja. Le di las gracias al médico, porque

reconozco que lo que pasó en mis cuerdas vocales fue un asunto totalmente sobrenatural, y que también Dios había usado la ciencia para completar la sanidad del cáncer. Pero algo sucedió. Cuando el médico fue a salir por la puerta del cuarto del hospital, se volteó y dijo estas palabras: "Yo no puedo atribuirme la gloria de nada de lo que hemos visto en su caso". No pude decir nada. Las lágrimas comenzaron a bajar por mi rostro. Dios lo hizo otra vez.

Luego de pasar mi esposo y yo por radioterapia fuimos a hacernos los últimos estudios. Habían pasado ocho meses de aquel día en que los dos recibimos los diagnósticos. Mi esposo hizo el estudio primero y celebramos que salió libre de cáncer. ¡Gracias Señor! El día que me tocaba a mí hacerme el estudio, tuve que levantarme de madrugada porque tenía que llegar al hospital temprano, y le dije al Señor: "Hoy no quiero recibir malas noticias". Creo que es válido decirle al Señor cómo nos sentimos. En ese mismo momento, entró un mensaje de texto de una amiga que no sabía nada del estudio, y me escribe: "Hoy estoy orando por ti y declaro que no recibirás malas noticias". Le di tantas gracias al Señor, porque Él puso a alguien en la misma frecuencia espiritual, haciéndome saber una vez más: *"Estás pasando por esto, pero te escucho y Yo estoy contigo"*.

Llegué al hospital para hacerme el procedimiento. Me metieron completamente en un cilindro en forma horizontal. Ese cilindro retrata si hay cáncer donde antes había o si pasó a otras áreas del cuerpo. Curiosamente, mientras estoy sumergida dentro de esa gran máquina, noto que las cámaras que quedan sobre mi cabeza forman una cruz. Entonces di gracias a Dios por Jesús; por una salvación tan grande, y porque por sus llagas hemos sido curados. Cuando me sacaron de allí me enviaron a una sala de espera en lo que la doctora de medicina nuclear me llamaba para leerme los resultados. Mientras estaba esperando, entró un mensaje de texto de otra buena amiga que leía: "Lis, no sé si hoy tienes algún procedimiento, pero debes saber que aunque hayas pasado por un valle de sombra y de muerte, ahora no debes temer".

> "Aun cuando yo pase por el valle más oscuro, no temeré, porque tú estás a mi lado. Tu vara y tu cayado me protegen y me confortan".
>
> —Salmo 23:4, NTV

La doctora de medicina nuclear me hizo pasar a su oficina y me informó que hasta dentro de un año no tenía que volverme a ver, porque el estudio reflejó que estoy totalmente libre de cáncer. Ciertamente esta ruta fue una de mucha revelación y de gran evolución espiritual. Todavía cuando me miro al espejo puedo ver las marcas de la herida de las cirugías. Le pregunté al Señor por qué se me había quedado una marca tan grande. Su respuesta fue: "Las heridas y las marcas del camino testifican que un día estuviste ahí, pero que ya no estás ahí".

> "Las heridas y las marcas del camino testifican que un día estuviste ahí, pero que ya no estás ahí".

ORACIÓN

Padre santo y Padre bueno. ¡Cuán grande es tu poder! Al ciego le devuelves la vista. Al cojo le haces caminar. Al mudo le permites hablar. Tú eres el mismo ayer, hoy y por todos los siglos.

No hay nada imposible para ti. ¡Bendice hoy mi cuerpo y mis emociones! Creo que la fuerza de tu amor baña cada órgano, hueso y sistema de mi cuerpo. Que el poder de la sangre de Jesucristo fluya a través de mí para corregir y eliminar todo desequilibrio. ¡Vísteme de un milagro! En el nombre de Jesús, amén.

PARA REFLEXIONAR Y APLICAR

1. Describe un momento en tu vida en el que fuiste testigo de un milagro de Dios.

2. ¿Qué sientes al saber que no hay nada imposible para Dios?

3. ¿Cuál es el milagro que estás esperando?

4. Construye una lista de los "pequeños milagros" que has disfrutado antes de la manifestación del "gran milagro final".

CAPÍTULO 3

DESCUBRIR
LAS GANANCIAS

*Pero gran ganancia es la piedad acompañada de
contentamiento; porque nada hemos traído a este
mundo, y sin duda nada podremos sacar.*
~ 1 TIMOTEO 6:6–7 ~

S I NOS CONCENTRAMOS en la pérdida, en lugar de todas las bendiciones que poseemos, nos pondremos tristes, irritables y hasta depresivos. Una de las metas de este libro es que puedas descubrir y agradecer por todas las maravillas que tienes y todas las cosas extraordinarias que disfrutas, a pesar de las pérdidas que puedas estar atravesando. Te invito a que tomes un momento para identificar todas las cosas estupendas que te rodean. Incluso, aun aquellas que has ganado en medio de las pérdidas. Las circunstancias pueden distraernos. Cuando nuestra naturaleza emocional llora por lo que ha perdido, nuestro espíritu ríe por lo que está

~ Cuando nuestra naturaleza emocional llora por lo que ha perdido, nuestro espíritu ríe por lo que está ganando. ~

ganando. Por cada lágrima del alma hay una carcajada del espíritu por lo que se está gestando.

Ya sabemos lo bien que nos sentimos cuando todo va a pedir de boca. Cuando nuestra vida está llena de éxitos, logros, triunfos, abundancia, victorias y amor. Cuando hay alegría, bienestar y salud. Pero, estoy convencida, que el sentido de la vida no tiene que perderse cuando nos enfrentamos a los más crudos inviernos. Puede ser un gran desafío, pero por todas las cosas que nos acontecen, podemos estar agradecidos.

La gratitud y la confianza en Dios están estrechamente ligadas. Para poder sentir agradecimiento por las situaciones complejas de la vida y las pérdidas más inesperadas, he necesitado confiar en el Señor y creer que todo lo que ha permitido que me ocurra es para mi mayor bien. He aprendido a bendecir y agradecer cada uno de los vendavales, comprendiendo que de alguna manera me van a beneficiar y tener la seguridad de que "…a los que aman a Dios, todas las cosas les ayudan a bien, esto es, a los que conforme a su propósito son llamados" (Romanos 8:28).

DA GRACIAS POR TODO

Un ejercicio saludable es que cada mañana, al abrir tus ojos, des gracias. Está comprobado que la gratitud deliberada produce optimismo, y por lo tanto, hace que la gente sea más feliz y viva con mayor sentido de propósito. Aun cuando sientas que estás en pleno desierto, busca a Dios de mañana y agradece. Tal y como lo hizo el rey David:

"Dios, Dios mío eres tú; de madrugada te buscaré, mi alma tiene sed de ti, mi carne te anhela, en tierra seca y árida donde no hay aguas".

—Salmo 63:1

Es altamente productivo dar una caminata matutina, mientras reflexionas en todos los maravillosos regalos que el Señor te ha dado. Caminar al aire libre es altamente terapéutico. No hay nada como disfrutar de los bellos detalles de la creación. Nunca debemos estar tan ocupados como para dejar de fijarnos en las grandezas que Dios ha hecho.

Una mañana mientras hacía una caminata de gratitud por mi vecindario noté que un vehículo tenía una puerta totalmente abierta. Miré hacia adentro y me percaté que no había nadie y estaba lloviendo. Cuando me

> Nunca debemos estar tan ocupados como para dejar de fijarnos en las grandezas que Dios ha hecho.

dispongo a llamar al guardia de seguridad de donde vivo para notificarlo, me topo de frente con una de las escenas más bellas que he visto en mi vida. Era un matrimonio de adultos mayores como de unos 70 años. El esposo estaba cargando en los brazos a su esposa en dirección al vehículo. Evidentemente, ella estaba enferma. Por ciertas características me pareció que era una paciente de Alzheimer.

Inmediatamente, el Espíritu de Dios me llevó a reflexionar que así es el Padre celestial con nosotros. En nuestra impotencia, fragilidad y debilidad, Él nos carga en sus brazos. Entonces di gracias por todas las veces que el Señor me ha cargado. Aun en aquellos momentos en los que creí que había un solo par de huellas y que eran mías, siempre me ha llevado a saber que esas huellas son las suyas, porque me lleva en sus poderosos y confortantes brazos. Di gracias también por todas las veces en las que fui testigo de que papi cargó simbólicamente a mami, y por tener un esposo que, cuando ha sido necesario, me ha cargado con amor y compasión. Esa caminata fue una verdadera sinfonía de gratitud en mi alma.

Te desafío con amor a que todos los días expreses gratitud por el milagro de la vida, por encima del dolor de la pérdida, y verás que es una de las mejores maneras de hacer especial cada mañana. A medida que avances por tu camino cada día, ten conversaciones con el Señor. Promueve momentos íntimos e importantes. En estas conversaciones, afirma tu disposición de usar el poder que hay dentro de ti, dado por Dios, para levantarte y salir adelante. Pídele la sabiduría necesaria para hacerlo, y da gracias por su ayuda. Por la noche, antes de acostarte a dormir, te invito con amor, a que vuelvas a dar gracias. A que hagas un repaso del día. Que medites en cómo Dios te ha guardado. Puedes bendecir cada experiencia vivida. Y que exclames lo que está expresado en el Salmo 116:7-10 (TLA):

"Dios mío, tú has sido bueno conmigo; ya puedo dormir tranquilo. Me libraste de la muerte, me secaste las lágrimas, y no me dejaste caer. Mientras tenga yo vida, siempre te obedeceré. Confío en ti, mi Dios, aunque reconozco que estoy muy afligido".

Clínicamente, se sugieren los diarios como herramienta terapéutica. Puedes comenzar un "Diario de agradecimiento", sobre todo con respecto a lo que has perdido. Compra un cuaderno que te guste. De un motivo que tenga un significado especial para ti. De un color que te encante. Haz ahí tu "inventario de gratitud". Ama el dar gracias. Haz de tu vida una de agradecimiento. En 1 Tesalonicenses 5:18 (RVA-2015) dice:

> "Den gracias en todo, porque esta es la voluntad de Dios para ustedes en Cristo Jesús".

Agradece por todo lo que tienes y por lo que no tienes. Por quienes están y por quienes se han ido. Por la salud y por el milagro de tu curación. Por la abundancia y por la escasez. Por la petición contestada y por lo que aún no ha llegado. Hacer esto es una gran bendición, porque no se puede estar agradecido y no ser feliz al mismo tiempo. En cualquier tipo de pérdida siempre hay más cosas implicadas que las que conocemos, y la gratitud nos pone en contacto con ellas. Dar gracias por todo nos ayuda a convertir las dificultades en oportunidades y las pérdidas en ganancias.

> Dar gracias por todo nos ayuda a convertir las dificultades en oportunidades y las pérdidas en ganancias.

APRENDER SIEMPRE ES GANANCIA

Nos conviene agradecer las lecciones recibidas. No hay que huir de ellas. Son incalculables tesoros los que nos dan. Las pérdidas suelen ser una escuela. No hay universidad en el mundo que nos enseñe más que el quebrantamiento. Cuando a mis pacientes se les hace difícil identificar cuál es la ganancia que han obtenido como resultado de la pérdida, les hago esta pregunta: ¿Qué es lo que has APRENDIDO en medio de esta pérdida? Siempre, siempre, siempre el aprendizaje es ganancia.

Cuando aprendemos las lecciones que provienen como resultado de las pérdidas, nuestra vida cambia para mejorar. Escuché a una paciente que había encontrado a su hijo muerto por una sobredosis de drogas, decirme: "Si no hubiera sido por la muerte de mi hijo, yo no me hubiera transformado en la mujer de ayuda que soy hoy". Claro está, ella decidió que fuera este el resultado de tan trágica vivencia.

En mis experiencias de pérdidas, me causa satisfacción ver algún lado de mis deficiencias humanas progresar, como resultado del dolor de esas situaciones que me han sido verdaderamente complejas. Ahora me alegro cuando veo que he tenido una oportunidad para crecer, sobre todo en la fe. En algunas ocasiones, esas pérdidas me han preparado para abandonar algo que ha estado dificultando mi vida. Dejar ir me ha hecho ganar más, y entrar por puertas nuevas que me han convenido, han resultado en una gran bendición.

He tenido que aprender que agradecer las pérdidas me sirve para superar el sentimiento de autocompasión. Agradecer al Señor por toda circunstancia, aún en medio del dolor, me mantiene esencialmente feliz. La gratitud es una excelente manera de dejar de concentrarme en el sentimiento negativo de las pérdidas y fijar mi atención en lo que estuvo y está bien. El hecho de estar consciente de las ganancias que se manifiestan, paralelamente con las pérdidas, me produce bienestar.

DARLE IMPORTANCIA A LO QUE
REALMENTE LA TIENE

Una forma saludable de manejar la pérdida de personas, en cualquiera de las formas en que se puede perder a alguien, es trayendo pensamientos de gratitud por su participación en nuestras vidas. ¿Qué es lo mejor que me dejó? Cuando lo hago, siempre me hace sonreír, y me inunda el corazón de alegría. Sea que haya partido de mi vida en total armonía o en armonía parcial.

Cuando recuerdo con amor y agradecimiento los buenos momentos que compartí con las personas que han sido parte importante de mi historia de vida, me lleno de satisfacción y no doy cabida a ningún sentimiento de melancolía o tristeza. Esto no es reprimir, es darle importancia a lo que realmente la tiene; llegar a un estado de alegría frente a las personas fundamentales que he perdido, enfocarme en lo bueno y no en lo malo. Confieso, que por algún tiempo, me martiricé culpándome, culpando a otros y pensando en las cosas que debieron haber sido de otra forma. Gloria a Dios que eso no me duró mucho tiempo, pero sí el suficiente para ahora empeñarme a enseñarle a otros con mucho respeto, que eso es una pérdida de tiempo y salud.

Lo que me ha funcionado es recordar solo las cosas buenas de esas personas que antes estuvieron, pero que ya no están. Siempre encuentro algo que agradecer con toda sinceridad. Es absolutamente extraordinario encontrar recuerdos bellos de las personas que he perdido. Aun de esos que en un momento dado me hicieron sufrir, o que yo lastimé, o que permití que me lastimaran. Trabajar y combatir los deseos y expectativas de cómo, según mis criterios, debieron ser las cosas, me trae paz. Descanso en la voluntad de Dios, que es siempre buena, agradable y perfecta (ver Romanos 12:2b).

Para que puedas ver la ganancia espiritual y para tu desarrollo personal, te recomiendo que te hagas preguntas de este tipo: ¿Cómo la presencia de esta persona en mi vida me hizo crecer? ¿De qué forma sus actos me condujeron a una cierta dirección que ha sido favorable para mí? ¿En qué forma esta persona fue una bendición? Hacer este ejercicio, nos lleva a ver que toda persona que ha pasado por nuestra vida carga un propósito. Entender y creer esto nos libera.

Nuestras experiencias pasadas, liberadas por el poder de la gratitud y del perdón, preparan nuestro presente para bendiciones extraordinarias. Al expresar agradecimiento por todas las personas que han participado de mi pasado y mi presente, me permite ver que todo está en un perfecto orden y en el control de Dios. Verlo como algo negativo, pudo ser una interpretación inadecuada de mi parte; un juicio erróneo, basado en mi percepción, que dentro de la magnitud de los propósitos eternos de Dios con nuestra alma, tiene un alcance muy limitado. Comienzo a ver que lo que consideré perjudicial e injusto, en realidad no era así. Cuando reviso la página final de cada historia tengo que admitir que todo me ha beneficiado.

> Nuestras experiencias pasadas, liberadas por el poder de la gratitud y del perdón, preparan nuestro presente para bendiciones extraordinarias.

Oración

Padre celestial, escojo el gozo en medio de las pérdidas. Se enciende en mi corazón la esperanza de que aun lo que no comprendo hoy, lo veré con toda claridad más adelante. Ayúdame a seguir descubriendo los grandes tesoros que están ocultos en la experiencia del dolor. Agradezco que en medio de las pérdidas tú no me has dejado y me demuestras tu gran amor. A causa de esta pérdida, abriste un camino de aprendizajes, crecimiento y madurez emocional y espiritual. Gracias por mostrarme que aun en los momentos más oscuros de la vida, tu luz me llena de paz y seguridad. Muéstrame tu misericordia y levántame. En el nombre de Jesús, amén.

Para reflexionar y aplicar

1. ¿Cuáles han sido las ganancias que has derivado de cada una de tus pérdidas?

2. Realiza un inventario de bendiciones. ¿Cuáles son las cosas maravillosas que tienes en el presente?

3. ¿Cuáles son las lecciones que estás obteniendo a través de la experiencia de dolor?

4. ¿Cómo la pérdida más dolorosa te ayuda a crecer y madurar?

CAPÍTULO 4

SOBRE LA
TEMPESTAD

Entonces claman a Jehová en su angustia,
Y los libra de sus aflicciones.
Cambia la tempestad en sosiego,
Y se apaciguan sus ondas.
～ SALMO 107:28–29 ～

L A VISTA DE la caminata devocional de esa calurosa
mañana del 19 de septiembre de 2017 fue distinta a
la de otros días. Los cielos anunciaban tempestad.
Puerto Rico es famoso mundialmente por el intenso y brillante color azul de su cielo. Sin embargo, ese día se vistió
de gris y las nubes se veían tan cargadas que daban la sensación de que en cualquier momento se iban a caer. El
viento no soplaba. Había un tenso silencio, y se sentía la ansiedad en el ambiente. Observé que los pajaritos volaban a
toda prisa de rama en rama. El huracán María pasaría por
Puerto Rico. Pronosticaban que ese intenso huracán nos
cruzaría diagonalmente de lado a lado y en efecto, así fue.
Oficialmente, el monstruoso huracán María fue de categoría cinco. Esta es denominada como la clasificación más
alta que un fenómeno como éste puede alcanzar. Alegada-
mente, hubo ráfagas de viento que alcanzaron cerca de 200

millas por hora. Hubo tornados dentro del huracán. Más de dos mil personas tuvieron que ser rescatadas de situaciones en las que podían perder la vida. Las inundaciones prácticamente afectaron a toda la Isla. Una gran cantidad de gente tuvo daños estructurales en su hogar, siendo la pérdida de los techos la más común. Aún no se precisa cuántas personas murieron por causa del huracán, pero sí hay quienes estiman que han sido cientos.

El huracán destruyó por completo la red eléctrica de Puerto Rico, lo que dejó a toda la Isla sin energía eléctrica. También se perdió el servicio de agua potable. Las redes de comunicaciones se paralizaron. No había teléfono, y mucho menos internet. Esto provocó una gran desesperación, porque no había forma de comunicarse con familiares y amigos. Los hospitales se imposibilitaron de ofrecer sus servicios a cabalidad. Se hacían filas kilométricas para poder comprar gasolina y alimentos. Muchas de las carreteras y de los puentes tuvieron daños graves, dejando a personas atrapadas. La totalidad de Puerto Rico fue declarada zona de desastre por el gobierno nacional y estadounidense.

La noche del huracán fue larga y terrible. Como una gran cantidad de puertorriqueños, estuvimos sacando el agua que se metía dentro de la casa. Vivimos en un segundo piso y sentíamos que el edificio completo se sacudía. Los instrumentos que miden terremotos se activaron. Es un hecho que el huracán María puso a temblar a Puerto Rico. Me impactó mucho el ruido que hizo el huracán. Era verdaderamente impresionante. Parecían los sonidos de una película de terror. Por momentos se oían como si fueran lamentos, y en otros, parecía como un tren que iba a toda velocidad.

Hicimos toda una logística para darle apoyo a nuestro pequeño hijo. Antes de que el huracán entrara a Puerto

Rico, no lo expusimos a la televisión o a las redes sociales con información que lo pudiera impresionar. Le hicimos saber que teníamos un plan en la casa para estar protegidos. Le informamos que íbamos a perder los servicios de agua y luz, y lo hicimos partícipe del almacenamiento de agua y búsqueda de linternas. No le dimos exceso de información, solo le contestamos las preguntas que él nos hacía. Le dimos seguridad en todo momento. Tratamos de estar nosotros, como adultos, tranquilos. Pronunciamos palabras alentadoras como: "Estoy aquí para ti", "Jesús nos está cuidando", "Estaremos bien". Te recomiendo que hagas esto con tus pequeños cuando vengan situaciones como estas.

Cuando salí de la casa, al otro día del huracán María, no podía creer el grado tan grande de destrucción en el que había quedado mi amada Isla. Lo que veían mis ojos me daba la sensación de que habían tirado una bomba atómica sobre Puerto Rico. Pero lo que mi alma me decía era: *¿Cuál será la bendición que viene para nosotros ahora? ¿Cuáles serán las sorpresas que vienen para su pueblo?* Hay bendiciones ocultas que vienen detrás de la destrucción y de las pérdidas.

> Hay bendiciones ocultas que vienen detrás de la destrucción y de las pérdidas.

Los huracanes ocurren en cualquier lugar. Suelen dejar consecuencias tristes y lamentables para muchas personas. Trastornan la estabilidad. Conmueven las ciudades. Causan angustia y aflicción. Cambian el curso de la vida comunitaria. Pero, tanto en los huracanes atmosféricos como en los fenómenos de la vida, no debemos perder de perspectiva que aunque pasemos por esa situación, no estamos solos.

Dios está con nosotros y siempre, siempre, siempre…hay un plan.

"El Señor marcha en la tempestad y en el torbellino".

—Nahúm 1:3b, RVC

A los pocos días de haber pasado el huracán, mi esposo, mi hijo y yo nos fuimos a caminar a pie. Había árboles caídos y tendidos del servicio eléctrico por todo el suelo. Pero lo más que nos llamó la atención fue ver un movimiento ciudadano sin precedentes. Personas comunes dirigiendo el tránsito y moviendo árboles de la carretera. Un caballero estacionó su auto, y sacó una sierra y comenzó a cortar troncos. Sobre todo, se escuchaba a la gente dando apoyo espiritual y emocional a otros. Eso es bien poderoso, porque no existe nada mejor en momentos como ese que unas palabras generosas y bondadosas. ¡Qué bella hermandad! Pensé: *Esto es Puerto Rico.*

Pasaron semanas antes de que las comunicaciones, más o menos, se normalizaran. Cuando al fin logramos comunicación por unos minutos, escribimos en nuestra cuenta de Facebook:

> *Informamos a nuestros familiares y amigos que estamos bien. El huracán María nos está enseñando cosas muy valiosas. Es una bendición disfrazada de destrucción. Le seguimos creyendo a Dios. Viviendo un día a la vez. Ahora nuestro mayor campo misionero es Puerto Rico.*

Recibimos muchos mensajes de apoyo y oración de personas de distintas partes del mundo. Y no solo fueron mensajes, llegó ayuda material, física y de recursos humanos. En un sin fin de ocasiones, Puerto Rico había hecho eso por otros países. Días antes lo habíamos hecho por las víctimas del huracán Irma que había azotado fuertemente las Islas Vírgenes del Caribe. Fuimos testigos de esto ya que visitamos y dimos apoyo a unos amigos que estaban activamente sirviendo en un hotel de San Juan en el que albergaron, en cincuenta habitaciones, a personas que tuvieron que salir de sus países con la ropa que tenían puesta y nada más. Llegaron mojados, con heridas físicas y emocionales. La gente de Puerto Rico inundó ese lugar de donativos. El pueblo dio tantas ayudas que observamos cómo, hasta bien tarde en la noche, tuvieron que traer camiones gigantescos para poder movilizar las ayudas. Así que cuando nos tocó a nosotros recibir, vimos materializado lo que dice en la Palabra de Dios:

"El que siembra escasamente, también segará escasamente; y el que siembra generosamente, generosamente también segará".

—2 Corintios 9:6

"Jehová es bueno, fortaleza en el día de la angustia; y conoce a los que en él confían".

—Nahúm 1:7

No dejes de caminar

Una de las experiencias más humanitarias que he tenido fue visitar un refugio de personas que lo perdieron todo por el huracán María. Conocer la historia de una madre con su hijo, que se fue al refugio porque no tenía qué comer. Otra mujer que había perdido a sus dos hijos mayores por muerte, que su madre también murió, que su esposo la abandonó, y ahora por el huracán, había perdido su casa. Los refugios se preparan en escuelas públicas del país, y cuando estaba en medio del ajetreo de la labor voluntaria, mi vista fue llevada a una de las pizarras del salón de clases. Alguien había escrito: "Quien verdaderamente ama la vida, nunca deja de caminar".

> "Quien verdaderamente ama la vida, nunca deja de caminar".

Las personas refugiadas se enfrentaron a pérdidas devastadoras que desencadenaron comprensiblemente sufrimiento y dolor. Ellos pudieron haber tirado la toalla. De hecho, lamentablemente algunos ciudadanos lo hicieron. Perdieron la esperanza y se quitaron la vida. Hubo un aumento en los suicidios. Pero aquellos que estaban en el refugio que visité, por la gracia y el favor divino, estuvieron dispuestos a luchar y a vencer. Doy gracias al Señor, porque si nosotros lo decidimos, Él nos dota de herramientas para triunfar en la adversidad.

Una joven refugiada de trece años me mostró unas pinturas espectaculares que hizo. Su madre me narró cómo su casa se fue por un precipicio a causa de los deslizamientos. Lo habían perdido todo. Materialmente no tenían absolutamente nada. Aquella adolescente usó colores brillantes para pintar. Cuando colocó sus pinturas sobre el pequeño catre en el que dormía, yo podía ver un gran contraste. Entonces recordé que la belleza siempre

> Para algunos, las pérdidas son un motivo para detenerse y quedar paralizados. Para otros, puede ser un motor y una fuerza.

tendrá espacio para manifestarse. De hecho, en medio de las pérdidas, siempre debemos dar espacio para que la belleza paralela fluya y podamos disfrutar la hermosura de lo simple.

Para algunos, las pérdidas son un motivo para detenerse y quedar paralizados. Para otros, puede ser un motor y una fuerza. Esto lo veo claramente en mi país después del huracán María. Muchos NO se han rendido. Está latente la inquietud de hacer cosas extraordinarias. No se han dejado vencer por el desaliento.

El huracán se llevó mucho. Pasó lo que pasó, pero nuestra esencia está intacta. He oído esperanza y deseos de seguir hacia adelante. Ha habido una gran solidaridad. Se han levantado muchos misioneros internos; una movilización de amor por el pueblo y la montaña. Hemos sido sumamente bendecidos por los puertorriqueños que viven en el extranjero, principalmente en los Estados Unidos. El amor de la diáspora ha sido latente. Se sintieron sus esfuerzos, sus sacrificios y sus oraciones. Por supuesto que surgieron situaciones negativas, pero jamás deben opacar todo lo bueno que hemos vivido. Lo bueno es mucho más. Hemos sido caminantes.

Un reposo para vivir

La experiencia del huracán nos obligó a reflexionar. Nos impuso a tomar una pausa. Nos unió como familia y como pueblo. A algunos los llevó a concluir que las cosas materiales por las que se afanan son temporales. Nos motivó a valorar lo que realmente tiene valor, esto es, ¡la vida! Nos planteó nuestra impotencia y total dependencia de Dios.

El huracán María fue el inicio de una vivencia renovada como pueblo en nuestra relación con Dios. Una verdadera comprensión de nuestros fundamentos y valores. Una profunda convicción de cuán bendecidos hemos sido para dejar de quejarnos tanto. Afinar nuestros oídos para oír la voz de Dios y alejarnos del afán y la ansiedad, sabiendo lo que dijo el profeta Isaías:

> *"En descanso y en reposo* seréis salvos; en quietud y en confianza será vuestra fortaleza".
>
> —Isaías 30:15, énfasis añadido

Los grandes cambios suelen venir acompañados de una fuerte sacudida. No es el fin del mundo, sino el inicio de uno nuevo. Comenzamos a celebrar lo que antes dábamos por sentado, como comernos un helado, tomar un vaso de agua fría o tomar una gaseosa con hielo. En este sentido, ha sido un buen tiempo. Eclesiastés 3:1 dice:

> Los grandes cambios suelen venir acompañados de una fuerte sacudida.

> "Todo tiene su tiempo, y todo lo que se quiere debajo del cielo tiene su hora".

Ha sido el tiempo de ver de dónde es que viene nuestra provisión. Tiempo de renuevo. Tiempo de absoluta dependencia de Dios. Tiempo de vivir solo el día de hoy. Tiempo de valorar lo que realmente tiene importancia. Tiempo de servir y dar la mano. Tiempo de amar. Tiempo de darnos cuenta de que no necesitamos tantas cosas para ser felices. Tiempo de avivamiento. Tiempo de examinarnos. Tiempo de pedir perdón.

Hubo una frase que promovió el Gobierno de Puerto

Rico para este tiempo. Esta frase es: "Puerto Rico se levanta". En casa, nuestro lema durante este proceso fue: "La vida y el amor son movimiento". Le solicité a algunos amigos que me dijeran las frases que habían creado para motivarse y estas son algunas de las que recibí:

"Con la mirada puesta en lo alto".

"Mientras la luz de Dios brille en nosotros, jamás estaremos a oscuras".

"La esperanza me fortalece".

"Vamos por más".

"Día a día, pues todo es temporal, solo Dios es eterno".

"Dios lo hará una vez más".

"Se sufre, pero se goza".

"Más fuertes que nunca".

Una noche me fui a caminar con mi hijo. Al no haber luz eléctrica, las estrellas en la noche se veían más brillantes que nunca. Pude explicarle que cuando hay oscuridad es que aparecen las estrellas, y que siempre es bueno mirarlas para alcanzarlas. A la vez, yo tenía una

> Lo que Dios promete sale a relucir de forma más brillante cuando estamos sumergidos en la oscuridad.

interna conversación y recordaba que las promesas de Dios son como esas estrellas. Lo que Dios promete sale a relucir de forma más brillante cuando estamos sumergidos en la oscuridad.

Estábamos siguiendo el camino, guiados por las linternas. En mi alma, se despertó otra revelación: "Si fijamos nuestra vista en la oscuridad, tendremos temor e incertidumbre; pero si nos concentramos en la luz de lo que Dios nos ha prometido, entonces encontramos el camino correcto".

Dimos una "vueltita" con esas linternas por los alrededores de la casa, y nos llamó la atención la cantidad de coquíes que vimos. El coquí es una rana pequeñita, oriunda de Puerto Rico, no más grande que la uña del pulgar de una persona. Hace el sonido "CO-QUÍ", un croar único y fuerte. Tanto que cualquiera, al escucharlo, puede pensar que se trata de un animal bien grande. Tradicionalmente se ha dicho que lo más peculiar del coquí es que si sale de Puerto Rico se muere.

Al llegar a la casa, Adrián Emmanuel estaba rendido y se colocó en mi regazo. Al hacerlo, me inventé un cuento de una familia de coquíes y se quedó dormido. Disfruté mucho de ese tiempo con mi hijo. ¡Siempre podemos aprender tantas cosas de la naturaleza! Estoy convencida que esa es la forma en que Dios hace poesía.

Mi esposo no se encontraba en la casa, porque estaba sirviendo como voluntario en la distribución de alimentos para personas damnificadas por causa del huracán. La casa estaba en total oscuridad y silencio. Me recliné y cerré los ojos. Fue entonces cuando el Espíritu me dijo: "Un reposo para vivir". Inmediatamente, mi alma lo ató a lo que como pueblo habíamos estado viviendo.

"Vengan a mí todos ustedes que están cansados y agobiados, y yo les daré descanso".

—Mateo 11:28, NVI

"Solo en Dios halla descanso mi alma; de él viene mi salvación".

—Salmo 62:1, NVI

¡Qué alivio tan gratificante es saber que podemos descansar en Dios! Luego de cada viento huracanado viene la calma. En el corazón de cualquier tormenta, aun de las más furiosas, vive una latente primavera. Después del huracán vimos cómo los árboles echaron hojas nuevamente. Pasaron unos días y todo comenzó a florecer, y sigue floreciendo.

> En el corazón de cualquier tormenta, aun de las más furiosas, vive una latente primavera.

ORACIÓN

Amante Dios de fuerza y de poder. Las temporadas siguen tu plan, bajo tu mando se mueven los vientos. Las mareas suben y bajan por causa de tu voz. En todas las cosas y en todos los tiempos, ayúdame a recordar que, incluso cuando la vida parece oscura y tormentosa, tú estás en el barco conmigo. No permitas que me desespere, sin importar cuán fuerte vea la tormenta. Sé que tú puedes hacer reversible lo que parece irreversible y amenazante. Tú gobiernas sobre todo. Guíame hacia la seguridad. En ti puedo ser fuerte. Tú eres mi roca. En tus manos me siento seguro. En el poderoso nombre de Jesús, amén.

Para reflexionar y aplicar

1. ¿Me he concentrado más en la tempestad que en las múltiples bendiciones que tengo?

2. Haz una lista de tres cosas que puedes hacer diferentes para vivir reposadamente.

3. ¿Cuáles son las promesas que Dios te ha dado en medio de la tempestad?

4. ¿Qué puedes hacer para profundizar tu confianza en Dios aunque te sientas en el ojo del huracán?

CAPÍTULO 5

LA
TRANSFORMACIÓN
DEL DOLOR

...que a los afligidos de Sion se les dé gloria en lugar de
ceniza, óleo de gozo en lugar de luto, manto de alegría
en lugar del espíritu angustiado; y serán llamados ár-
boles de justicia, plantío de Jehová, para gloria suya.

~ ISAÍAS 61:3 ~

L AS VIVENCIAS, LAS angustias, los temores y las
emociones que se presentan en el momento en que
nos separamos de un ser querido pueden ser muchas.
La separación puede evocar en nosotros nostalgia. Hay
casos donde el dolor se percibe de forma insostenible e in-
tolerable. Somos criaturas frágiles y nos quebrantamos ante
algunos eventos.

En el lenguaje del apóstol Pablo, podemos ser débiles.
Precisamente desde esa debilidad y no a pesar de ella, podemos descubrir la manera de transformarnos dentro de la
experiencia de dolor. La vida está llena de desafíos y adversidades. El miedo es inevitable, al igual que el dolor y con
el paso del tiempo, la muerte. Pero todo quebrantamiento
puede tener un fruto extraordinario. Jesús dijo:

"Si la semilla de trigo no cae al suelo y muere, queda sola, pero si muere lleva mucho fruto".

—Juan 12:24

Es importante hacer una renovación continua de la mente para poder sacar provecho de toda experiencia vivida y que se convierta en una semilla que genere un fruto glorioso, no solo para nuestras vidas, sino también para la vida de los demás. Todo suceso tiene distintas vertientes. Debemos siempre buscarle la mejor interpretación y descubrir los grandes beneficios que podemos derivar.

> Es importante hacer una renovación continua de la mente para poder sacar provecho de toda experiencia vivida y que se convierta en una semilla que genere un fruto glorioso.

No es la pérdida en sí misma la que marca con mayor o menor grado el nivel de sufrimiento que experimentaremos, sino que son nuestros pensamientos sobre la pérdida los que determinan cómo será la experiencia. La interpretación de los acontecimientos se da a través del procesamiento de los pensamientos. Es en el pensamiento donde nosotros generamos las emociones y los sentimientos. Lo que ocurre en nuestra mente a través del pensamiento es el que deforma, magnifica, evade, dramatiza o desfigura. Un solo pensamiento negativo produce hormonas devastadoras para el sistema inmunológico, para el sistema cardiovascular y respiratorio. Te hará adentrar en un círculo psicológico y fisiológico que puede resultar muy peligroso. Te sentirás triste, cansado y desanimado. Y este estado anímico atraerá de nuevo más esquemas mentales nocivos.

Te presento un ejemplo de cómo hacer el ejercicio de transformar los pensamientos negativos que llegan de forma automática sobre la pérdida. El caso es el de una mujer que ha perdido a su esposo por muerte a causa de un fallo renal. Esta valiente mujer fue a buscar ayuda para lograr cambiar la visión de la muerte de su amado esposo. Esto es parte del resultado:

Pensamiento original: *Estoy llena de ira con Dios por no haberlo sanado.*

Pensamiento transformado: *Doy gracias por la misericordia de Dios, porque mi esposo no sufrió una enfermedad larga.*

Pensamiento original: *Esta pérdida no tiene sentido para mí.*

Pensamiento transformado: *Como resultado de esta pérdida, tengo herramientas para ayudar a otras mujeres viudas.*

Pensamiento original: *Tengo coraje con mi esposo, porque no me fue sincero sobre lo mal que se sentía físicamente.*

Pensamiento transformado: *Soy bendecida por haber tenido un esposo que me amó tanto, que todas sus acciones fueron dirigidas a protegerme y evitar que yo sufriera.*

Cada uno de nosotros determina lo que piensa. Creer que no tenemos control de los pensamientos es una falacia. Fíjate como el apóstol Pablo enseña que podemos poner nuestros pensamientos cautivos a la obediencia a Cristo (ver 2 Corintios 10:5). Es una total posibilidad de reconstruir nuestros pensamientos con la ayuda y la fortaleza que viene del Espíritu Santo. Usa la autoridad que Dios te ha dado para cambiar esos diálogos internos. Afirma las promesas de Dios para tu vida y verás cómo tus emociones, sentimientos y acciones cambiarán para bien.

La muerte de un hijo

Nuestra interpretación de lo vivido es lo que verdaderamente produce nuestra respuesta emocional. Incluso, a través del poder que Dios nos ha dado sobre nuestra mente, podemos transformar la más fuerte devastación en una sublime belleza. La fortaleza espiritual que poseemos es fundamental para lograrlo. Me impactó mucho una mujer que pudo hacer una reinterpretación magistral ante la muerte de su hijo.

> A través del poder que Dios nos ha dado sobre nuestra mente, podemos transformar la más fuerte devastación en una sublime belleza.

En la selva panameña, participando de un viaje misionero, tuve la bendición de trabajar con indígenas en talleres de sanidad interior. Fue una vivencia maravillosa. Aunque fue hace más de diez años, tengo muy claro el recuerdo de las mariposas revoloteando por encima de las telas multicolores que las mujeres de la tribu habían puesto a secar sobre las piedras. Las mañanas eran un verdadero espectáculo de la naturaleza. Cada día se hacía provisión a los indígenas de desayuno, y también los misioneros desayunábamos antes de salir al campo a realizar nuestras labores. Pero en una de esas mañanas, ocurrió algo inesperado. Un pequeño niño subió a una gran piedra y se lanzó al río. Los misioneros corrieron hacia el cuerpo y trataban por todos los medios de revivirlo, usando tanto métodos de forma natural como la oración, que es la que conocemos y practicamos espiritualmente. Se oró intensamente para no perderlo. Pero no se pudo hacer nada. El plan de Dios ya estaba establecido. La caída fue fatal.

Me solicitaron, como consejera, que fuera a intervenir con la madre del niño. Me sentía turbada. Estaba repasando en mi mente los modelos de intervención terapéutica para las pérdidas, pero sentía que ninguno me iba a ser útil. Yo misma tenía un conflicto teológico, porque no comprendía por qué Dios había permitido que las cosas fueran de esa manera. Siendo la muerte de un hijo, el luto que para la ciencia es el más difícil de resolver, me preocupaba esa madre y el fuerte dolor emocional que podía estar atravesando, y con lo que iba yo a enfrentarme. La mente suele estar parcialmente predispuesta a la idea de que nuestros padres van a fallecer primero que nosotros, pero nunca uno se imagina eso sobre los hijos. Es una muerte que va en contra del orden natural de la vida.

Una de mis mayores preocupaciones era que la fe de aquel pueblo se desplomara. Pero estaba sucediendo tras bastidores todo lo contrario. Tuve que subir una gigantesca montaña para llegar hasta donde esa madre estaba. Nunca olvidaré la imagen de aquella preciosa mujer indígena en cuclillas, con su pelo lacio de intenso color negro, que caía como cascada sobre su rostro. Su mirada estaba fija hacia las corrientes del río. Le eché el brazo sin decir palabra alguna. Ella me miró fijamente, y me dijo: "Yo sé que yo lo voy a volver a ver". Admiré grandemente a aquella mujer, porque su fortaleza venía de su fe. Esa noche, en la tribu hicieron una fiesta con danzas por la fidelidad de Dios. Fueron ellos los que me testificaron que hay pérdidas que se traducen en ganancias en el mundo espiritual, y que para los que hemos creído en Jesucristo hay una esperanza gloriosa.

> Hay pérdidas que se traducen en ganancias en el mundo espiritual.

Es un "hasta luego"

La esperanza de que volveremos a ver de nuevo a las personas que amamos y que han fallecido es una herramienta poderosa para manejar la pérdida. Hace poco tiempo perdimos a un buen amigo. Su esposa me pidió que tuviera unas palabras en su servicio memorial. Como es lógico, los presentes estaban muy tristes. Fue un gran hombre de Dios, devoto esposo y un extraordinario padre. En mi participación, le pedí a los presentes que hiciéramos un ejercicio. Este era que le leyéramos una carta al Señor para que se la hiciera llegar a nuestro amigo en el cielo. Fue una dinámica muy terapéutica que fue transformando la atmosfera de dolor en una en la que hasta pudimos reír juntos. Se transformó la despedida en un "hasta luego". La Biblia dice que nosotros no andamos como aquellos que no tienen esperanza (ver 1 Tesalonicenses 4:13). A través de Cristo y de aceptarlo como nuestro salvador personal tenemos vida eterna.

> "Más ahora Cristo ha resucitado de los muertos: primicias de los que durmieron es hecho. Porque por cuanto la muerte entró por un hombre, también por un hombre la resurrección de los muertos. Porque así como en Adán todos mueren, también en Cristo todos serán vivificados".
>
> —1 Corintios 15:20–22

Te recomiendo que hagas un ejercicio como este si necesitas hacer algún tipo de cierre emocional con algún ser querido que se haya ido. La carta que usamos fue la siguiente:

Amante Señor:

Venimos delante de ti, porque a quien iremos sino a ti. Tú eres nuestro consuelo, estandarte y refugio. Te pedimos que busques a nuestro amigo en el cielo. Es importante para nosotros decirle unas cuantas cosas. Seguramente lo vas a encontrar en la cocina de ese lado de la eternidad. Allí debe estar adobando, ablandando y sirviendo con amor. Si no está allí, pues entonces debe estar haciéndole armonía al coro de ángeles, con sin igual gracia. Si aún allí no lo encuentras, debe estar en la esquina donde escuches las más estruendosas risas, y con toda probabilidad será él quien esté provocando esas carcajadas. Por favor, Señor, léele estas letras nuestras.

¡Hola amigo!:

Aquí estamos reunidos tus familiares y amigos. Los que te hemos amado, admirado y respetado. ¡Los que hemos sido tan bendecidos por ti!

Tal y como nos enseñaste, en la soberanía de Dios, ya este momento estaba establecido y carga un propósito glorioso. Estamos agradecidos porque fuiste parte importante en la vida de cada uno de nosotros. A algunos nos diste dirección cuando estábamos confundidos en el camino. Fuiste un gran maestro de la Palabra de Dios, como pocos existen. No tan solo porque enseñabas profundos misterios espirituales con pasmosa sencillez, sino que más impactante aún, tu forma de vivir reflejaba todo aquello que estabas enseñando.

Nos pastoreaste a todos, aun a los que no pertenecíamos a tu congregación. Pastoreaste nuestras almas. Agradecemos tu bondad, sensibilidad, amor, humildad, tus detalles, tu visión y tu sabiduría.

Gracias por el modelaje de lo que es ser un esposo amoroso y presente. Un padre comprensivo y excelente. Te vamos a extrañar hasta que te volvamos a ver.

Hoy nos parece escucharte decir: "Queridos, aquí los espero. ¡Hasta luego!".

LA ESCRITURA COMO
HERRAMIENTA TERAPÉUTICA

Escribir es un acto que puede producir mucha liberación. La escritura, como forma de desahogo y con un fin sanador, puede transformar nuestros pensamientos. Redactar a mano es un ejercicio altamente recomendable. Mis pacientes saben que esto es un fundamento en mis intervenciones terapéuticas, porque he sido testigo de su alta efectividad. Hacerlo resulta un drenaje. Escribir a quien hemos perdido o escribir sobre nuestros pensamientos en cuanto a la pérdida, poco a poco puede ir transformando los sentimientos destructivos. Promueve el rediseño de nuestro monólogo interior, el que puede estar amargando nuestra vida.

La escritura expresiva es una gran ventaja. Las personas con las que la he utilizado en mi consultorio manifiestan que habían mantenido sus sentimientos en secreto, y que al sacarlos hacia afuera a través de la escritura, pudieron experimentar un sentido genuino de bienestar. He leído decenas de investigaciones que se han realizado en el mundo entero que sostienen que la escritura, como método terapéutico, provoca la salud mental y hasta física.

> Escribir a quien hemos perdido o escribir sobre nuestros pensamientos en cuanto a la pérdida, poco a poco puede ir transformando los sentimientos destructivos.

Es importante puntualizar que la estrategia de escribir es útil cuando la persona está afligida en un estado más neutro. No se recomienda cuando la persona está en un punto máximo de la crisis por la pérdida, porque puede ser contraproducente. Pero en general es un mecanismo extraordinario para identificar en qué forma la persona está reaccionando ante la pérdida.

MANERAS TÍPICAS EN LAS QUE PODEMOS REACCIONAR ANTE LAS PÉRDIDAS

1. **Negación:** Esto es la dificultad para reconocer lo que se está viviendo. Se ignoran los síntomas y el dolor emocional. Se genera un bloqueo hacia la realidad y se manifiesta una gran incredulidad frente a lo que se ha perdido. Incluso, se puede entrar en los esfuerzos de demostrarle a los demás que nada anda mal en nosotros.

2. **Crisis de fe:** Grandes hombres y mujeres en la Biblia, en momentos duros y cuando atravesaron por pérdidas significativas, tuvieron crisis de fe. En ocasiones, el dolor nos lleva a cuestionarle a Dios. Lo importante es no perder de perspectiva que Dios obra en medio de toda situación, sobretodo en esas que nos han dolido más. Aun en los momentos en que se percibe más distante, Él ha estado ahí, más cerca que nunca.

3. **Coraje o ira:** Puede darte coraje con la persona que se ha ido. Ya sea porque se fue o por las dinámicas que se dieron en la relación mientras la persona estaba presente. Te puede dar coraje o ira porque estableció barreras en

la relación, o porque no te escuchó, porque no te amó saludablemente, porque no se cuidó, entre otras cosas. También puede darte coraje contigo mismo, que no es otra cosa que experimentar sentimientos de culpa.

4. **Tristeza:** Sentimientos de nostalgia, desesperación e impotencia. A pesar de que la tristeza es normal, si persiste por más de dos semanas en forma consecutiva puede ser un alerta de que hay una depresión clínica. Es importante comprender que la tristeza es una etapa, pero que llega el momento en que hay que moverse de ella y transcender.

5. **Descontrol:** Hay formas sutiles en las que se manifiesta. Muchas veces con problemas o disturbios en el dormir o en los patrones alimentarios. Se puede hacer vulnerable a consumir alcohol u otras drogas.

6. **Escapismo:** Huir o evadir.

7. **Rendición:** Es cuando se decide que no vale la pena intentarlo. Se acaban las fuerzas para seguir luchando. Puede ocurrir como resultado del desgaste que provoca el dolor emocional. Te recuerdo que siempre hay esperanza. Hay finales que podemos interpretar como comienzos. No te rindas.

8. **Encaramiento:** Es cuando damos espacio a la sensatez y evaluamos las cosas de forma objetiva. Aunque es una de las etapas más

importantes, a la vez suele ser la más compleja y difícil.

9. **Negociación:** Es la etapa en la que comenzamos a regatear la pérdida. Hacemos promesas con la esperanza de que todo va a estar bien o que será igual que antes.

10. **Crecimiento:** Transformar nuestra manera de pensar y nuestras actitudes. Reinventarnos cuando las situaciones así lo ameritan. Adaptarnos y reconocer que la vida es un escenario constantemente cambiante.

Un día a la vez

Por lo tanto, no se angustien por el mañana, el cual tendrá sus propios afanes. Cada día tiene ya sus problemas.

—Mateo 6:34, NVI

La recuperación del dolor emocional ante la pérdida y cuánto tiempo dure depende de diferentes factores. El factor principal es el mantenimiento diario que nos demos a nosotros mismos en el fortalecimiento espiritual y el trabajo consciente con nuestros pensamientos y actitudes. La intensidad y la duración del sufrimiento están condicionadas al compromiso que tenemos con el gozo y la paz interior. Es mucho más liviano si nos concentramos en hacerlo en las próximas 24 horas. Un día a la vez. Solo por hoy.

> El pasado ya pasó. El futuro es incierto. Solo existe el día de hoy.

En el trabajo diario podemos buscar las maneras de recuperar el gozo cuando se ha perdido y de alcanzar la paz cuando se ha desvanecido. Si ya has perdido algo o a alguien importante para ti, no debes también perder los días en estado continuo de sufrimiento. El pasado ya pasó. El futuro es incierto. Solo existe el día de hoy. Aprendamos que el hoy es un regalo. Es posible que no lo veas así por los embates que has tenido que enfrentar. Pero ciertamente la vida es un obsequio de Dios que no volverá a repetirse.

Algunas personas están convencidas de que la vida es simplemente injusta porque es una serie de pérdidas que se tienen que superar. Otros sienten que es una serie de problemas que se tienen que resolver. He escuchado a personas decir que mientras más rápido se sobrepongan a una pérdida y que mientras más ligero logren salir de un problema, más pronto serán felices. Pero la verdad es que después de que se pasa con éxito una pérdida o se enfrente un problema, habrá algo nuevo que enfrentar porque esto también es la vida. Por eso es tan importante disfrutar el viaje con todos sus retos y desafíos, no solo el destino final. Siempre se pueden presentar frente a nosotros: una piedra para remover, un obstáculo que superar y una montaña que escalar. Si te identificas con esto te felicito... ¡es que estás VIVO!

Cada día trae sus propias tareas a realizar. Por eso es tan importante disfrutar de esta maravillosa montaña rusa llamada "vida". Hace unos cuantos meses pasé por una vivencia fascinante. Fuimos a un parque temático y subí a una montaña rusa. Mi esposo siempre dice que no se sube conmigo, porque prefiere sacrificarse quedándose abajo cuidando mis pertenencias y tomando las fotos. ¡Sí, claro! Cuando estaba en la fila, me percaté que es una de esas que de verdad da muchas vueltas. Pero detrás de mí había un niño como de ocho años, y pensé: *Si él puede, yo también puedo*. La vida, en su día a día, es una experiencia de fe en la que se siente como una de estas atracciones. Uno va acelerando, viendo los riesgos de ir en contra de la gravedad. Sin embargo, se puede tener la total certeza de que hay una fuerza mayor que nos sujeta fuertemente y que no nos dejará caer, aunque se tenga la sensación de que sí.

La experiencia interesante que tuve en esa montaña rusa del parque fue que casi al dar la última vuelta de la ruta hubo un fallo mecánico y quedamos atrapados. Inmediatamente se escuchó por el altoparlante una voz que dijo: "Tengan paciencia, estamos trabajando con esto". Estuvimos detenidos como diez minutos, los que parecieron una eternidad. Como a cada dos minutos volvía la voz en el altoparlante a repetir: "Tengan paciencia". Finalmente nos rescataron y nos sacaron por un espacio bastante pequeño en el que había que hacer cierto malabarismo, pero había un empleado diciéndonos: "Tranquilos, yo estoy aquí". Esa voz me daba paz y me hacía creer que no me iba a caer.

En la lucha diaria para superar la pérdida puedes escuchar la voz del Espíritu Santo que te dice: "Ten paciencia, yo estoy trabajando con esto". Cuando te sientas sin dirección y en estado de incertidumbre en tu hoy, podrás discernir el arrullo apacible del Maestro que te dice: "Tranquilo, yo estoy aquí". Creyendo esas voces, llegarás a celebrar un "Hoy no lloré". Te sentirás en victoria y en control. Podrás, día a día, remplazar los sentimientos de

> En la lucha diaria para superar la pérdida puedes escuchar la voz del Espíritu Santo que te dice: "Ten paciencia, yo estoy trabajando con esto".

soledad por el amor de Dios. Podrás cambiar el miedo por la confianza en el Señor. Sustituir la autocompasión por la fe. Cambiar los resentimientos por la tolerancia. Un día a la vez.

¿Cómo sabes que estás superando la pérdida en forma adecuada?

La estás manejando efectivamente si:

1. Comprendes y aceptas que el gozo y la paz no son sinónimo de ausencia de pérdidas, adversidades, problemas o retos.

2. A pesar del proceso que estás atravesando, te has mantenido firme en tus creencias, valores y convicciones.

3. Te repones al desánimo. No quiere decir que deje de llegar en alguna que otra ocasión. Pero no controla tus emociones.

4. Recobras la fe.

5. Mantienes la calma, en lugar de sobrereaccionar.

6. Entiendes que has derivado grandes lecciones de la pérdida y puedes identificar cada una de ellas.

7. Dejas de vivir en estado de sufrimiento.

8. Estás lejos del rol de víctima y te has convertido en un sobreviviente.

9. Miras con optimismo hacia el futuro.

10. Eres instrumento de bendición para otras personas que están pasando por pérdidas.

Oración

Bendito Espíritu Santo. Necesito experimentar tu llenura, tu consuelo, tu fuerza, tu paz y tu gozo. En tu presencia entrego todo pensamiento circular que me mantiene en el dolor. Te entrego toda idea que ronde en mi mente y que respaldan la experiencia de la soledad, la confusión, desesperación y el dolor. En tu presencia, los antiguos patrones de pensamiento, conducta y reacción se debilitan. En tu presencia todo pensamiento que trae desánimo, angustia, desequilibrio, frustración y miedo desaparecen instantáneamente. En tu presencia, en cada situación y en toda circunstancia, estoy rodeado de poder, gloria y victoria. En el poderoso nombre de Jesús, amén.

Para reflexionar y aplicar

1. Identifica al menos diez pensamientos negativos que te estén produciendo emociones perturbadoras.

2. Razona cada uno de los pensamientos negativos y percátate de su intensidad y del daño que te hacen.

3. Reconstruye los pensamientos negativos cambiándolos a positivos.

4. Refuerza los pensamientos positivos con lo que está establecido en la Palabra de Dios.

CAPÍTULO 6

LA ACEPTACIÓN

[Jesús] *diciendo: Padre, si quieres, pasa de mí esta copa; pero no se haga mi voluntad, sino la tuya. Y se le apareció un ángel del cielo para fortalecerle.*
~ LUCAS 22:42-43 ~
[NOTA ACLARATORIA]

CUANDO MI SOBRINA entró a mi cuarto, gritando y diciendo: "Abu se murió", quedé en total estado paralizante. Mi papá, a pesar de sus 84 años de edad, disfrutaba de perfecta salud. Mis hermanos y yo hacíamos bromas, porque él salía mejor que nosotros en las pruebas médicas de rutina. Quien estaba enferma era mi madre, con un diagnóstico de demencia vascular, y ya estaba encamada. Todos estábamos parcialmente preparados para la muerte de mi madre, pero no esperábamos que papi falleciera primero. Fue una verdadera sorpresa. Tuve una respuesta de incredulidad y confusión. Esta reacción de desconexión con la realidad y el dolor de la pérdida suele ser una respuesta típica en esa primera etapa.

La primera reacción ante la noticia del fallecimiento de un ser querido, suele ser de dificultad para la conexión con la pérdida. Si la posibilidad de la muerte no ha sido anticipada, como lo fue el caso de mi padre, la reacción de aturdimiento y choque es más intensa. El aturdimiento y la sensación de que lo que está ocurriendo "no es posible", cumplen una función anestésica. De hecho, tengo la idea de que esta es una de las formas en las que Dios nos muestra su amor y nos protege.

Mi madre falleció ocho meses después de mi padre. No nos extrañó porque tenían un vínculo de amor muy fuerte. Aunque la muerte de mi mamá era predecible por su complicado cuadro de salud, también tuve un grado de aturdimiento hasta caer en cuenta. El "estado de choque" es un término que típicamente se utiliza para describir la respuesta a experiencias abrumadoras, con presencia de respuestas desorganizadas. En el duelo se aplica al estrés mental y emocional que aparece inmediatamente después de la muerte del ser querido. En algunos casos, las personas pueden mostrarse en un estado de total negación, expresando una capacidad de adaptación a la situación, en apariencia sorprendente. Algunos, incluso, pueden seguir en su día a día como si nada hubiera pasado.

Cuando mis pacientes me preguntan las razones emocionales de por qué se tardaron un tiempo considerable en reaccionar a la muerte de una persona bien significativa en sus vidas, les digo que ese estado de aturdimiento les ayuda a responder a las demandas de los días posteriores. Cuando ese tiempo ha pasado, y los familiares y amigos se han ido, cuando

> Las respuestas típicas de congelamiento o atontamiento tienen la función de permitir a las personas no entrar en contacto consciente con la experiencia traumática.

todos han regresado a sus hogares y la realidad del espacio vacío empieza a emerger, esos efectos anestésicos remiten progresivamente. No es raro escuchar en terapia a personas decir que se sentían mejor los primeros días o semanas que al cabo de unos meses. Las respuestas típicas de congelamiento o atontamiento tienen la función de permitir a las personas no entrar en contacto consciente con la experiencia traumática. Por tanto, desde esta perspectiva, proveen un cierto tipo de adaptación, una forma de escape temporal para reducir el dolor emocional. En otros casos, los dolientes en pérdida se hunden totalmente, cayendo en la más completa desesperanza e indefensión.

SOBREVIVIR A LA PÉRDIDA

La mayoría de las personas que han vivido un duelo importante, a pesar del sufrimiento intenso que esta experiencia suele causar, con el tiempo y el apoyo de familiares y amigos, son capaces de sobrevivir y adaptarse a la nueva situación sin la presencia de ese ser querido en sus vidas. Interesantemente, la mayoría de las personas que sufren la pérdida de un ser querido no necesitan ir a terapia para superarlo, aunque esto depende de cada caso, de las circunstancias en que esa pérdida ocurrió y quién es la persona que se perdió. Hay casos donde es inminente la ayuda profesional porque presentan depresión, ansiedad, consumo de alcohol u otras adicciones.

Los profesionales que trabajamos acompañando a personas que afrontan la muerte de un ser querido, en ocasiones, nos encontramos frente a un dilema. Por un lado, el hecho de que el duelo es un proceso normal y natural. Por el otro, en ocasiones, esa pérdida se convierte en una vivencia trágica de la que tienen mucha dificultad para recuperarse. He tenido casos en los que se ha desarrollado un duelo verdaderamente complicado. Que aun después de varios años de la muerte de su persona amada, siguen sin poder rehacer su vida, con problemas relacionales, emocionales y hasta fisiológicos. El duelo complejo es aquel que se caracteriza porque hay demasiada conexión con la pérdida o hay una evidente incapacidad de confrontarla. He tenido que concluir que el duelo es un proceso normal que en ocasiones puede resultar muy complicado.

Cuando acompañamos a personas en duelo podemos observar cómo, a menudo, en situaciones de pérdida parecidas, algunas personas responden de forma más adaptativa y otras son incapaces de rehacerse a pesar del tiempo transcurrido. He podido leer diferentes estudios que sostienen que las fortalezas espirituales son un vehículo para facilitar el proceso de duelo.

> Mientras mayores son las herramientas espirituales que la persona posee, menos compleja puede resultar la pérdida.

Mientras mayores son las herramientas espirituales que la persona posee, menos compleja puede resultar la pérdida. A continuación, les presento la narración de una mujer que perdió a su papá, y cómo su confianza en el Señor la fortaleció:

"Cómo olvidar enero del año 2016. La primera vez que vi a mi papá enfermo de cama y no se veía nada bien. Cuando llegué a la casa de mis padres y pasé por la habitación a verlo, le dije a Dios: '¿Sabes a quién me has puesto en esta cama?'. A mis 42 años me había enfrentado a muchas pruebas, pero esta era la más fuerte de todas. La que no quería experimentar. Ver a la persona que amo en esa situación no era nada fácil. Desde ese día, nada en la familia fue igual. Los días se convirtieron en visitas frecuentes al hospital. El cuadro médico cada vez se ponía más difícil. Yo puse mi mirada completamente en Jesús. A Él le pedía fortaleza día a día. Mientras pasaba el tiempo, yo seguía trabajando el ministerio que Dios me había entregado. Un grupo de mujeres que, sin darse cuenta, fueron parte del plan de Dios para ser mi fortaleza. En febrero de 2017, vuelve mi padre al hospital por segunda vez. Le había dado otro infarto a causa de la condición de anemia hemofílica. Había pasado un año recibiendo constantes transfusiones de sangre que lo mantenían de pie. Cada vez que salía del hospital, mi madre decía lo mal que él estaba. Mis ojos se negaban a ver lo que los demás veían. Durante esa última hospitalización, un día llegué a la iglesia y el pastor hizo un llamado especial, y dijo: 'Hoy no hay ministración, es un encuentro tuyo con Dios, es momento para sumergirte en sus aguas'. Era mi momento, yo estaba en la puerta del templo ese día recibiendo a las personas de la iglesia, y salí a ese encuentro a sumergirme en su presencia. Fui la única persona que respondió a ese llamado. Sentí que el mar se abrió y que pasé como Moisés, en seco entre las aguas. Me postré de rodillas y le dije al Señor: 'Levanta a mi padre como lo hiciste con Lázaro'. La respuesta del Señor fue rápida, y lloré y lloré. Sabía que había llegado a mi Getsemaní. Ese lugar donde entregamos nuestra voluntad para que se cumpla la del Padre celestial. Comprendí que era un proceso que debía pasar y que Dios sacaría lo mejor de mí. Mi papá tendría su milagro de sanidad, pero

junto a Él. Me levanté del suelo sintiendo paz. Sabía
que no tendría más dolor. Los días siguientes fueron
difíciles, pero ya sabía que Dios tenía todo bajo control. Al tercer día, mi padre murió. Estaba agradecida
de Dios por haberme dado el mejor de los padres".

En el proceso de duelo se dan dos tipos de mecanismos
de afrontamiento: los orientados a la pérdida y los orientados a la restauración. Los orientados a la restauración
crecen por la pérdida. Incluye cambios favorables en ellos
mismos, en las relaciones interpersonales y hasta en el sentido de la vida.

La posibilidad de que acontecimientos dramáticos como
muertes, enfermedades o catástrofes puedan derivar, para
las personas que sufren, cambios positivos o de transforma-
ción, no es algo que solo he reiterado en este libro, sino que
ha sido un tema constante en cada una de mis publica-
ciones. Creo firmemente que las personas que han vivido
una situación difícil pueden crecer espiritualmente, madurar emocionalmente y aumentar la confianza en las capacidades que poseen para enfrentar y superar situaciones
adversas.

Muchas familias que se han enfrentado a situaciones adversas dicen sentirse más unidos, y con una relación más íntima y sólida que antes del suceso.

Cientos de veces he tenido
el privilegio de escuchar a pacientes, que han conseguido
hacerle frente a un suceso doloroso y traumático, decir que
sienten que se han convertido
en personas más fuertes, con
mayor tolerancia, y algunos
hasta perciben que ha aumen-
tado su autoestima. Muchas

familias que se han enfrentado a situaciones adversas dicen sentirse más unidos, y con una relación más íntima y sólida que antes del suceso.

Una gran amiga me ha dado una gran lección de vida por la forma en que ha manejado la muerte de su esposo, y lo que decidió hacer con su vida después de tan trágico acontecimiento. Ella es una mujer muy conocida en los medios de comunicación cristianos en Puerto Rico. La gente la quiere mucho y es admirada por todos. Ciertamente yo la admiro más desde aquel día en que la invité a ser oradora en un retiro de sanidad interior que habíamos preparado para pastores. Habían pasado aproximadamente dos años de aquel fatídico día y estaba frente a esos pastores que necesitaban consolación, contando su historia.

En su participación en el retiro nos explicó que una mañana llamó a su esposo por teléfono para consultarle de unas compras que había hecho y notó que él tenía dificultad para hablar. Lo que ocurrió fue que se había tomado por equivocación un medicamento que le daba sueño. Horas después, al ella llegar al pueblo donde vivían, intentó conseguirlo por el teléfono nuevamente, pero no le respondía. Preocupada se va directamente a la casa para verificar si su esposo ya estaba allí. Sabía que algo andaba mal, porque él siempre le contestaba el teléfono, sin importar cuán ocupado estuviera.

En el momento en que se disponía a tomar la carretera que conducía a su casa se encontró con que el tráfico estaba bien pesado. Estaban desviando los vehículos por un accidente que había ocurrido. En ese momento recibe la llamada de un vecino indicándole que la policía estaba en su hogar preguntando por ella. El vecino le pasa el teléfono al policía, quien con un tono frío, le dio la noticia que cambió su vida para siempre. Su esposo había muerto en ese accidente automovilístico. Estaba incrédula. Cuando su vecino se lo confirmó creyó que se moría ella también. Instantáneamente, recordó que sus hijas estaban con ella en el auto, así que respiró profundo tratando de controlar su reacción ante lo que acababa de escuchar. Ahí permaneció hasta que llegaron a ayudarla. Fue un momento muy amargo en su vida. Se sintió abandonada por el Señor. No solo se trataba de lidiar con su duelo, sino también con el sufrimiento de sus hijas que habían perdido a su papá. Pero, por encima del dolor, ha podido visualizar el plan de Dios. Ella ha sentido su amor, su cuidado, su provisión y su fidelidad como nunca antes. Ha bendecido a miles de personas contando su testimonio y ha escrito un poderoso libro que se titula: *Ya perdí suficiente*.

Lo que mi amiga, Laura Mercado, narró en cuanto a lo que experimentó y sintió es perfectamente normal. Incredulidad, aturdimiento, frustración y coraje, son sentimientos comunes. Pero lo admirable fue que ella decidió trascender en esa experiencia de dolor. El duelo le ha tomado su tiempo, pero no se ha quedado detenida en la experiencia de dolor. Poco a poco se abrazó a la esperanza de un futuro en el que ha construido planes y metas. Ha puesto en acción esos proyectos. Ha sufrido, pero camina. Llora, pero no se ha detenido. Su dependencia de Dios ha sido la clave más importante.

Encarar el cambio

Quiero brindarte unos consejos para sobrevivir a la pérdida de un ser querido. Aunque valido el dolor, pero quiero acompañarte con amor a superarlo. Debe de llegar el momento en que tendrás que encarar el cambio. Sufrir es parte del proceso y hay que llorar, pero la idea no es que te quedes a acampar en el dolor. El ser querido que se fue, seguramente desearía que estés lo mejor posible. Creo que puedes lograrlo.

> Sufrir es parte del proceso y hay que llorar, pero la idea no es que te quedes a acampar en el dolor.

1. **Acepta tus sentimientos:** No te reprimas. Después de la muerte de alguien cercano, se puede experimentar todo tipo de sentimientos y emociones. Las más comunes son: negación, tristeza, ira, incertidumbre, soledad y ansiedad. Si necesitas llorar, debes hacerlo.

2. **Habla de la pérdida cada vez que te sea necesario:** A algunas personas les resulta útil contar la historia. Tanto de la historia de la relación como el de la pérdida. Contar las historias es una forma de ventilar sentimientos.

3. **Cuida tu cuerpo:** El sufrimiento puede ser pesado para la salud. Trata de alimentarte bien y hacer ejercicios. Toma vitaminas porque el dolor emocional suele halar mucha energía del cuerpo. Duerme de 7 a 8 horas diarias. Visita a tu médico.

4. **Activa una red de apoyo:** Déjale saber a las personas que son importantes para ti cuánto las necesitas. Es muy saludable que tengas espacio de hablar con otros sobre cómo te sientes. Recuerda rodearte de gente positiva que aporte

a tu vida en este proceso. Más que nunca, en este momento aléjate de gente tóxica. Planifica algunas salidas para distraerte aunque no tengas deseos. El aislamiento es peligroso porque te puede conducir a la depresión.

5. **Trata de no hacer cambios importantes:** Es recomendable que si te encuentras aun en las primeras etapas del duelo, que no hagas cambios, ni tomes decisiones trascendentes. Cuando estamos en situaciones de crisis, nuestros pensamientos no están necesariamente claros, ni nuestras emociones.

6. **Busca ayuda profesional de ser necesario:** Entrar en un proceso de ayuda profesional no es un signo de debilidad sino de fortaleza. Buscar ayuda requiere mucha valentía. Mientras más rápido la busques, mejor. Es común tener altibajos emocionales por un tiempo y al recibir terapias puedes aprender herramientas de cómo manejarlos. Puedes evitar reacciones o síntomas que se salgan de tu control más adelante.

7. **Identifica proyectos para hacer:** Puedes aprender una nueva habilidad. Tomar un curso de algo que quieras aprender a hacer. Completar una carrera universitaria. Componer canciones. Escribir un libro.

8. **Ayuda a otras personas que también lidian con la pérdida:** Ayudar a otros es algo que siempre nos hace sentir mejor a nosotros

mismos. Es saludable reunirse, hablar de los sentimientos y contar anécdotas.

9. **Preserva recuerdos del ser amado que perdiste:** Te recomiendo que conserves algunas cosas. Haz una caja o una carpeta de recuerdos. Guarda lo que es más significativo para ti. En cuanto a cuándo sacar todas las pertenencias de la casa, eso es un proceso personal e individual, en el que cada cual atiende su dolor y va elaborando el proceso a su manera. Aunque no hay prisa, lo que sí es importante es que en algún momento hay que sacar sus pertenencias como la ropa y otros artículos. Debes planificar qué harás con ellas una vez las saques de la casa. La mayoría de las personas opta por donarlas.

10. **Enfócate en una visión:** Los sueños y las metas pueden provocarte emoción. Todos necesitamos encontrar un sentido para vivir.

ORACIÓN

Dios mío, mi eterno Señor. Te doy gloria, honra y loor. Toda mi vida está en tus manos. Las cosas que entiendo y las que aún no he comprendido también lo están. Dame la fuerza necesaria para soportar la tristeza. Sana las heridas y cura mi corazón. Dame consuelo hoy. Ayúdame a seguir adelante. Tu amor me reconforta. Me renueva y me llenas de tu paz. En el poderoso nombre de Jesús, amén.

Para reflexionar y aplicar

1. ¿Consideras que tu proceso de duelo ha sido saludable o ha sido un duelo complicado?

2. ¿Cuáles son los sentimientos que experimentas actualmente sobre la pérdida de tu ser querido?

3. ¿En qué forma la pérdida de ese ser querido te ha ayudado a crecer y a madurar?

4. ¿Cuáles son los proyectos que vas a diseñar y desarrollar a raíz de esta pérdida?

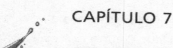

CAPÍTULO 7

CIERRE DE
ASUNTOS INCONCLUSOS

...pero una cosa hago: olvidando ciertamente lo que queda atrás, y extendiéndome a lo que está delante.
~ **FILIPENSES 3:13** ~

PARA SER FELICES y vivir la vida a plenitud es fundamental soltar las heridas y el dolor del pasado. Si tenemos ira, frustración o tristeza con respecto a experiencias que hayamos tenido con personas que hemos perdido, en cualquiera de las formas en que se puede perder a alguien, crecen raíces de amargura que se convierten en un verdadero obstáculo para disfrutar del presente y del futuro.

He visto una gran cantidad de personas en terapia que están muy dolidas porque tienen asuntos inconclusos con personas que ya se han ido de sus vidas. Es maravilloso que busquen ayuda para solucionarlo, porque quien decide no soltar el dolor emocional se vuelve una persona triste y amargada. Un alma herida puede experimentar sentimientos muy fuertes.

De nada sirve seguir cargando una herida, una traición, una infidelidad, el abandono, el rechazo o el maltrato. Por el bien de la salud mental y del desarrollo espiritual, hay que soltar eso. En nada aprovecha, por el contrario, el tener rabia, resentimiento, dolor o deseos de venganza nos estorba. No vale la pena seguir sufriendo por algo que alguien te haya hecho en el pasado. Es mejor perdonar y dejar ir lo que pasó.

Muchas personas intentan enterrar el dolor y la amargura muy profundamente, pero la almacenan sin solucionarla. Lo que se guarda o se esconde sin manejarlo, de alguna manera, va a volver a salir hacia afuera y nos estorbará a nosotros y a otros. Usualmente el dolor emocional se manifiesta con enojo. En general, el enojo no se considera una emoción bien vista y por lo tanto las personas buscan maneras de ocultarlo. No solo de los demás sino también de sí mismos. Se enmascara el enojo con otras conductas. Todos podemos ser expertos poniéndonos máscaras.

¡Qué bueno que contamos con el amor de Dios! Su amor ha sido insertado en nosotros a través de Jesucristo. El amor de Dios tiene el poder de cubrir la multitud de las faltas y nos capacita para dar el cierre correspondiente a las heridas que nos han causado. Hay personas que nunca llegarán a reconocer sus errores y tal vez no se arrepentirán jamás. Ahí es donde entra la importancia de desarrollar el amor de Dios en nosotros. Su amor por medio de nuestra acción, transformará el enojo y la amargura en el milagro del perdón.

> El amor de Dios tiene el poder de cubrir la multitud de las faltas y nos capacita para dar el cierre correspondiente a las heridas que nos han causado.

La poderosa herramienta del perdón

Sin importar cuánto se escriba y se hable del perdón, tal vez nunca sea suficiente, dado a que es un fundamento para sentirse aliviado y lograr ser libres de ataduras venenosas. Una pregunta común que hacen las personas cuando van a buscar ayuda terapéutica para superar el dolor emocional que tienen con alguien que han perdido es: ¿cómo logro perdonar? Sobre todo, si no se ha tenido la oportunidad de escuchar a la persona que nos hirió arrepentida y pidiéndonos perdón. En la mayoría de los casos, las personas que han tenido que trabajar perdonar, lo han tenido que hacer de forma independiente a quien le ha lastimado. Es decir, nunca han escuchado a la persona arrepentida, y algunas de ellas ni siquiera tienen conciencia del daño que han hecho. Para perdonar no es necesario pasar por el proceso de que nos pidan perdón. Esto es algo de lo que no tenemos el control. Pero sí tenemos el control de liberarnos de la amargura, aunque de la otra parte no haya reconocimiento, ni aceptación de la falta.

Es necesario, en algún momento de la vida, superar las heridas emocionales que algunas personas que ya no están en nuestro panorama nos han hecho. Espero en el Señor que ese momento haya llegado para ti. Permite, por amor a ti mismo, que ese dolor salga. No es saludable ignorar, y mucho menos, almacenar las heridas. Esto es un problema porque de alguna manera se proyectará en nuestras relaciones interpersonales y en nuestro bienestar general. Toma la decisión consciente de perdonar. Suelta las heridas. Deja ir lo que pasó. Pídele a Dios que llene tu alma de fuerzas, autoridad, poder y amor para enfrentarlo, lograrlo y superarlo.

He sido testigo, muchas veces, de cómo el perdonar le

devuelve la alegría de vivir a las personas. Han recuperado la sonrisa, ha vuelto el brillo a sus ojos y los deseos de seguir adelante con optimismo y confianza. Se sienten aliviados por dentro. Pierden el miedo de amar a otros sin la precaución excesiva de que les van a fallar. Es como una nueva oportunidad para vivir, porque ahora lo hacen con entusiasmo. Se convierten en testimonios poderosos de que la restauradora Palabra de Dios es fiel y verdadera. Entran en el glorioso sabor de vivir en libertad.

Persiste en perdonar, aun cuando tu alma te boicotee. Dios nos va mostrando en la ruta de la sanidad emocional qué es exactamente lo que tenemos que soltar. No hay que hacerlo a la ligera, pero tampoco dilatar el proceso porque hay urgencia de que seas feliz. Reconozco por experiencia propia que no es fácil. He tenido que perdonar a personas que han partido de este mundo, a quien decidió salir de mi vida, y a algunos que yo he determinado que ya no sean parte de mi entorno. Es verdad que puede ser complicado. Pero lo importante es que te mantengas firme en alcanzar la meta de perdonar totalmente, y que seas consistente para lograrlo porque es un bien hacia ti mismo. En Gálatas 6:9 dice:

> "No nos cansemos, pues, de hacer el bien; pues a su tiempo segaremos, si no desmayamos".

CAMINAR EN LIBERTAD

Si ya has abierto la puerta para perdonar, entra por ella. Hacerlo es emprender un camino maravilloso de libertad. Cuando perdoné, la óptica de cómo miraba a las personas que me habían lastimado cambió radicalmente. Hasta la manera en que contemplaba las experiencias que había vivido se transformó. Dejé de ser víctima. Ahora los veo con amor, compasión, misericordia y agradecimiento.

Así es la historia de una mujer de 44 años. En su primer matrimonio estuvo casada por catorce años. Vivió momentos de alegría, pero todos fueron opacados por el maltrato emocional y físico que sufrió. Esto la había llevado a tener depresiones mayores recurrentes, ataques de pánico, movimientos involuntarios en el cuerpo, falta de concentración, dependencia de medicamentos, temores, ansiedades, insomnios, y hasta perdió su empleo porque no podía funcionar. Al salir de esta relación, desarrolló una relación con Dios y dedicó su tiempo a servirle y a enfocarse en el cuidado de sus hijas.

Con el pasar de los años conoció a un hombre. De las primeras cosas que hizo fue invitarlo a la iglesia. Él insistía en tener una relación con ella, a lo que se mantenía resistente. Pasaron los meses y le dio una oportunidad. El hombre le ofreció matrimonio y le prometió una boda hermosa, en la playa y frente al atardecer. Comenzaron los preparativos. Ella compró con ilusión el traje de novia. Estaba casi todo listo. Pero pasó algo. La boda fue cancelada por el novio y la última en enterase fue la novia. Al ella confrontarlo le dijo que lo perdonara, que no era el momento, que tenía muchas cosas en la cabeza. Que la amaba, que no quería terminar la relación, pero que por el momento no habría boda.

Meses más tarde se casaron por el juez, en el tribunal, sin invitados, solo los testigos. Ella manifiesta que desde el primer día de matrimonio las cosas no fueron bien. Lo que no debe extrañarnos. Esta mujer comenzó a sentirse profundamente frustrada y decepcionada. No se sentía amada. Se preguntaba cómo era posible que estuviera viviendo maltrato otra vez. Es común que cambiemos de pareja, pero no de problemas. Cuando ocurre esto es porque hay algo muy profundo que aún no se ha sanado en nuestro interior. Ese matrimonio duró cuatro meses. Un día él salió a hacer unas diligencias y no regresó a la casa. Fue como si nunca hubiera existido.

En una vivencia de cerrar emocionalmente lo ocurrido, ella le escribió una carta:

"Te dejo ir. Ya es tiempo de ponerle punto final a esta historia. Por muchos años le había cerrado la puerta al amor hasta que llegaste tú. Llegué a pensar que había llegado a mi vida el príncipe azul. Al principio, dudé en aceptarte porque no quería volver a ser lastimada. Te di una oportunidad, me convertí en tu esposa, pensé que sería para toda la vida.

Pero comenzaron las mentiras, el abandono, la falta de atención, las palabras soeces y la agresividad. Comencé a descubrir un hombre muy diferente. La desconfianza, el miedo, la incertidumbre, el desamor, la impotencia, la ira, el sentirme traicionada; fueron muchos de los sentimientos encontrados que me estaban llegando. En muchas ocasiones, traté de hablarte de cómo me sentía y de la necesidad de que buscáramos ayuda profesional. Siempre respondías que no eras un hombre maltratante porque no me pegabas. Que esa era tu forma de ser. Yo era una extraña para ti en la casa. El trabajo y otras cosas eran tu prioridad.

Un muro se había creado en nuestra habitación. No había temas para conversar y no había salidas para compartir. Pasé a ser una casada-soltera. Rodeaste nuestro matrimonio de mentiras. No sabía cuándo decías la verdad. No podía contar contigo para nada de la casa. Tu palabra dejó de tener valor. No entendí cómo es posible que yo te hubiera conquistado con mi sonrisa, y tú habías sido el causante de borrarla.

Llegó el momento de decir "adiós"; para todo hay un tiempo de cumplimiento. Valgo mucho. No me sentí amada, pero el amor de Dios por mí nunca va a menguar. Yo, la hija del Rey, he recibido promesas nuevas. No sé cuál sea tu camino. El mío sigue siendo al lado de Cristo. Te perdono por no haberme visto".

Te invito a que hagas lo mismo que hizo esta valiente mujer. Enfrentó su dolor y se liberó. Busca un lugar tranquilo, donde no tengas interrupciones. Ese será un momento muy importante para ti. Toma papel y lápiz y dale rienda suelta a tus emociones. No permitas que ningún sentimiento quede almacenado. Date la oportunidad de manifestar todo el dolor, la ira, los rencores y las frustraciones. Sácalos hacia afuera. ¡Libérate! Acompáñalos con un "Te perdono" y "Te dejo ir". Sé específico con cada detalle que deseas perdonar. Hazlo en el nombre de Jesús. Solo en

Él está el poder de lograrlo saludablemente. Verás que al hacerlo te quitarás un gran peso de encima. Esa angustia, esa opresión que sentías en el pecho cada vez que llegaban a tu memoria los recuerdos de las experiencias negativas vividas, con el tiempo desaparecerán. Has dado un paso extraordinario. Es un buen tiempo para desarrollar tu relación con Dios, y día a día ir creciendo en la plenitud de Aquel que todo lo llena. Tal y como dice Efesios 3:19:

> "Y de conocer el amor de Cristo, que excede a todo conocimiento, para que seáis llenos de toda la plenitud de Dios".

¿Cómo perdono a alguien que ha muerto?

Hay quienes puedan estar guardando rencor a personas que han fallecido. Es fundamental trabajarlo, sobre todo, si fue una figura significativa como un padre, una madre, un hermano, una hermana, un tío, una tía, un abuelo, una abuela, un hijo, una hija u otras personas importantes. Es normal que haya resistencia a abrir ese baúl de memorias, e incluso hay quienes, en un método de autoprotección, se niegan a sí mismos la conexión con ese dolor. Prefieren almacenarlo y tratar de seguir sus vidas como si eso no hubiera pasado. El problema es que mientras no esté resuelto, de alguna manera seguirá

> Mientras dejemos heridas abiertas con esas personas, aunque hayan fallecido, seguirán teniendo poder y control sobre nuestros sentimientos.

molestando y tendrá una profunda carga emocional. Mientras dejemos heridas abiertas con esas personas, aunque hayan fallecido, seguirán teniendo poder y control sobre nuestros sentimientos. En la medida en que lo enfrentamos, nos liberamos. Si el autor de nuestra herida está muerto y no lo trabajamos, la profundidad de ese nexo corre el riesgo de hacerse más grande, puesto que el ofensor es inalcanzable.

Independientemente de que la persona que te produjo dolor esté muerta, puedes entrar en un ejercicio para perdonar. Te invito a que hagas por escrito una lista de las cosas por las que decides perdonarle. Luego, en voz alta, haz afirmaciones de que la perdonas. La persona no te escucha, pero tu alma sí. Repítelo diariamente de ser necesario. No es tarde para solucionarlo. Hay cosas que parecen difíciles de lograr, pero con Dios todo es posible.

Por sobre todas las cosas, enfócate en lo positivo que viviste con esa persona. Las buenas memorias generan bienestar y salud. La información positiva sirve para que la gratitud tenga espacio de manifestarse. Incluso, esto te sirve para que cuando tu mente de forma automática te traiga las memorias negativas, puedas cambiarlo por las cosas positivas que vivieron. Esto hasta puede hacer que las lágrimas sean sustituidas por una sonrisa. Sonreír siempre es mejor.

Las buenas memorias generan bienestar y salud.

Sentimientos de culpa con alguien que ha fallecido

Si en la intimidad y en tu morada privada ya has tenido un genuino arrepentimiento sobre heridas causadas a otros, incluyendo a alguien que ha muerto, entonces has dado un paso importante de liberación emocional y crecimiento espiritual. En estos casos, lo más importante es que te perdones a ti mismo. De lo contrario, estarás cargando sentimientos de culpa. Te aconsejo que te concentres en todo lo que sientes sobre las experiencias vividas y te otorgues el perdón. No existen personas perfectas. Todos hemos cometido errores, aun con las personas que hemos amado más.

Bíblicamente se establece que los muertos no tienen conciencia de lo que ocurre en la tierra, por eso el ejercicio para resolver es puramente almático, con tu yo interno. Deshacerte de la culpa es fundamental, porque suele ser un sentimiento altamente dañino y destructivo. El sentimiento de culpa suele obrar como una forma de autocastigo, que apunta directamente a la mente privándola de la paz.

Si tienes culpas, puedes estar sintiéndote abatido, aunque nadie lo sepa. Un sentimiento que suele acompañar la culpa es la ira con uno mismo. El recriminarse por lo que debí haber hecho o dicho, o por lo que hice o dije y que no lo debí hacer o decir. No es justo que sigas gastando el hermoso regalo de la vida en estado de aflicción por cosas que ya no puedes cambiar con respecto a una persona que ha muerto. El que te sientas culpable no hará que la historia cambie. Solo aprender es la

> Aprender de lo vivido es la parte sana y necesaria de nuestro crecimiento.

llave para hacer las cosas diferentes con los que están vivos. Todos los días se nos presentan nuevas oportunidades para enmendar nuestros errores. Aprender de lo vivido es la parte sana y necesaria de nuestro crecimiento. Pero sí es fundamental que te perdones. En este instante te acompaño a soltar la angustia de la culpabilidad. Repite conmigo: "Hoy decido perdonarme en el nombre de Jesús".

Oración

Padre celestial, tú me has dado muchos regalos. Uno de ellos es haber tenido la experiencia de la presencia de distintas personas en mi vida. La libertad de amar y ser amado. Ayúdame a ver cada una de las relaciones que he tenido como tú las ves. Te pido ojos nuevos para observar cada experiencia interrelacional como una oportunidad de crecimiento y desarrollo. Hoy encuentro un tesoro, porque perdono y me perdono. Rompo las cadenas del dolor del pasado. ¡Soy libre! En el dulce nombre de Jesús, amén.

Para reflexionar y aplicar

1. ¿Hay algo que aún no he podido perdonar?

2. ¿Estoy cargando sentimientos de culpa?

3. ¿Cuáles son los beneficios de perdonar?

4. ¿Por qué seguir cargando sentimientos de culpa que me son dañinos?

CAPÍTULO 8

DEJAR IR:
LA VALENTÍA DE
PERDER A ALGUIEN

Entonces Abram dijo a Lot: No haya ahora altercado entre
nosotros dos, entre mis pastores y los tuyos, porque somos
hermanos. ¿No está toda la tierra delante de ti? Yo te ruego
que te apartes de mí. Si fueres a la mano izquierda, yo iré
a la derecha; y si tú a la derecha, yo iré a la izquierda.
~ **GÉNESIS 13:8-9** ~

ESTOY CONVENCIDA QUE en el mundo hay muchas maneras de ser feliz, pero todas redundan en una misma cosa, y esto es amar. Ahora bien, en ocasiones, hay que dejar ir a personas significativas en nuestras vidas, porque tenerlas dentro del círculo cercano nos hace daño. Amar saludablemente es lo que nos hace verdaderamente felices. Te recuerdo que lo que estás dejando ir es la relación, pero no el amor que sientes por la otra persona. Cuando se ha amado verdaderamente a alguien, ese amor nunca deja der ser, pero con el tiempo se va transformando en otro tipo de amor.

Hay pérdidas de las que nosotros no tenemos ningún control. Pero hay otras pérdidas que para nuestro bienestar, salud mental, salud física, para nuestra paz y tener una mejor calidad de vida, debemos provocar. Quien no te hace bien, no debe ser parte de tu vida. Trabajar este tipo de pérdida requiere mucho valor, compromiso con uno mismo y amor propio. Suele ser difícil en un principio, pero valen los esfuerzos por el resultado y fruto final. Si amas a alguien y tienes la necesidad de dejarlo ir por tu bien, hazlo.

> Si amas a alguien y tienes la necesidad de dejarlo ir por tu bien, hazlo.

El dolor del desapego no durará para siempre y una vez que lo superes, te sentirás más vivo que nunca.

Una gran cantidad de personas llegan a buscar ayuda terapéutica, más que para manejar y superar una pérdida, lo hacen para tener el valor de perder a alguien. En ocasiones, hay que sacar a personas que nos estorban. La vida es como un tren. Ese tren llega a una primera parada, y hay una gente que se sube y otra que se baja. Continúa el tren en su viaje y va a una segunda parada en la que gente sube y baja. Se dirige a una tercera parada, y hay quien se sube y quien se baja. Hay gente que se van a bajar solas del tren de nuestra vida. Creo firmemente que quien decide bajarse para ya no ser parte de nosotros es porque ya cumplieron su propósito.

> Creo firmemente que quien decide bajarse para ya no ser parte de nosotros es porque ya cumplieron su propósito.

A esas personas hay que dejarlas ir con confianza y tranquilidad. Hay otras personas que nosotros tenemos que bajarlos del tren. ¿Quién no debe ir con nosotros en el viaje?

1. Quien te maltrata

2. Quien no confía en ti

3. Quien no vea el ser tan maravilloso que eres

4. Quien te lleve a pecar

5. Quien no esté alineado a tu misma visión

6. Quien no te valora

7. Quien te atrasa

¡Visualízate libre! Actúa con libertad y toma decisiones para liberarte. La voluntad de Dios no es que continúes con ataduras que te dañan. El Señor quiere que seas libre. Él pagó tu libertad. Estoy consciente que estos procesos pueden ser muy duros. Pero mi experiencia personal y con pacientes ha sido que, una vez se logra, me pregunto: *¿Por qué no lo hice antes?* Tu alma habrá ganado mucho cuando lo logres. La Palabra de Dios dice en Isaías 58:6:

> La voluntad de Dios no es que continúes con ataduras que te dañan. El Señor quiere que seas libre. Él pagó tu libertad.

"¿...desatar las ligaduras de impiedad, soltar las cargas de opresión y dejar ir libres a los quebrantados y que rompáis todo yugo?".

El apego expresa una demanda insostenible

Cada vez son más las personas que reconocen que la forma en que aman o que son amadas no es saludable. Todos los días veo este tipo de casos en mi oficina. Cuando se crea dependencia emocional, no solo suele ser un martirio la relación, sino que la pérdida de estas relaciones suele ser insostenible.

Los dependientes emocionales tienen una necesidad excesiva de afecto y de ser queridos, y tratarán de conseguir ese afecto a lo largo de sus relaciones. Sobre todo en las relaciones de pareja. Muestran una clara resistencia a perder la fuente de su seguridad y afecto, aunque en ocasiones esto le cueste negociar lo innegociable. Estas relaciones se caracterizan por ser inestables, destructivas y marcadas por un fuerte desequilibrio, donde la persona dependiente se somete e idealiza a la otra parte.

En las relaciones de codependencia se suele ejercer uno de dos roles: se es protector-rescatador, o se es víctima dependiente. Quienes son protectores-rescatadores tienen una excesiva necesidad de garantizar el bienestar del otro, asumiendo la pesada carga de sus problemas como suyos y tratando de resolverlos. Su prioridad es el cuidado del otro, llegando a ser injustos con ellos mismos. Las víctimas dependientes tienen una necesidad desmedida de que les cuiden, y no se ven a ellos mismos como capaces de manejarse en la vida sin que alguien les proteja o les salve. Sea cual sea el rol que se lleve a cabo, en las relaciones de apego afectivo se afectan la autoestima, la salud física, la salud mental y las relaciones con otras personas. Sin embargo, aunque la relación les cause malestar y sufrimiento, se sienten incapaces de salir de ella.

Un elemento en común que he podido observar en las personas que son dependientes emocionales es que tienen un intenso miedo a la soledad y temor a la ruptura. Por eso, cuando atendemos personas codependientes no es muy distinto de atender pacientes con problemas de adicción a drogas. La ruptura de la relación le produce los mismos síntomas que a un adicto dejar el alcohol o las sustancias controladas. Alejarse de la persona de quien es dependiente le puede producir el síndrome de abstinencia: con intensos deseos de retomar la relación pese a lo dolorosa que esta haya sido. Presentan pensamientos obsesivos y síntomas de ansiedad y depresión.

MANEJO INEFECTIVO AL PERDER UNA RELACIÓN

Lo esperado sería que, al terminar una relación no saludable, se sienta como una bendición. Que eso cause bienestar, alivio y paz. Pero para quien es dependiente emocionalmente, eso se convierte en un verdadero suplicio. Siendo los siguientes síntomas algunos de los más frecuentes:

- Pensamientos constantes y hasta obsesivos en torno a la relación pasada: lo que debió haber sido y no fue. Suelen recordar los momentos buenos que vivieron en la relación, con una tendencia a relegar al olvido los momentos negativos y hasta tormentosos

- Sienten una constante y compulsiva necesidad de volver a tener contacto con la expareja

- Angustia, desesperación y ansiedad

- Llanto frecuente

- Desánimo

- Intentos de regresar a la relación, aunque estos supongan atentar en contra de su dignidad personal, siendo lo más importante llenar el vacío y apaciguar la soledad que la ruptura le ha producido

- Alteración en los patrones de sueño

- Sentimientos de vacío

- Alteración en los patrones alimentarios

- Tratar inmediatamente de buscar a otra persona que servirá como un placebo para el manejo del dolor emocional

Es muy interesante observar que cuando la expareja se pone en contacto con el dependiente o rescatador emocional y se generan expectativas de reconciliación, aunque sean mínimas, entonces los síntomas desaparecen prácticamente de forma automática.

Es importante recordarte que el amor de Dios lo llena todo y te sana. Dios te ama, no porque te necesita, sino porque así lo decidió aun antes de crearte. Te ama, aun cuando no lo has complacido, ni cuando te

> Dios te ama, no porque te necesita, sino porque así lo decidió aun antes de crearte.

sientes digno de su amor. Te ama cuando nadie más lo hace. Puede que otros te dejen o que tú te alejes de alguien, pero Dios te amará pase lo que pase, y está dispuesto a cubrirte con su paz.

CÓMO DEJAR IR A ALGUIEN SALUDABLEMENTE

He estado interviniendo con una valiente mujer que vino a terapia para poder salir de un ciclo de violencia emocional con su novio. El maltrato emocional es el más difícil de detectar porque no deja marcas físicas. Pero las huellas psicológicas pueden ser muy difíciles de superar. Luego de haber avanzado bastante en el proceso de las consejerías, le solicité que hiciera un escrito terapéutico para dejar ir a esa persona de su vida, además de unas actividades concretas para lograr este fin. Este fue el resultado:

Hoy decido dejarte ir...

Hoy escribo el final definitivo de esta historia llena de dolor, decepciones, maltratos, mentiras y traiciones. Ya no habrá más comas, puntos suspensivos, ni capítulos inconclusos. Llegó el momento del adiós definitivo.

Por mucho tiempo me negué a la posibilidad de que un día no estarías. Y aunque amarte me hacía daño, seguía aferrada a esta relación tóxica. Soñaba con un final feliz para nosotros. Hoy entiendo que el primer paso para encontrar mi verdadera felicidad es dejándote ir.

Hoy decido dejarte ir porque a tu lado no se cumplirá el propósito de Dios en mí.

Hoy decido dejarte ir para romper las cadenas del apego y la codependencia.

Hoy decido dejarte ir para librarme de tu falso amor.

Hoy decido dejarte ir porque nunca mostraste arrepentimiento por todo el daño que me causaste.

Hoy decido dejarte ir porque no importa lo mucho que me esfuerce no vas a cambiar. Hoy decido dejarte ir porque me cansé de esperar de ti, más de lo que eras capaz de dar.

Hoy decido dejarte ir porque aunque te amo, me amo más. Y ya no estaré dispuesta a recibir menos de lo que merezco.

Hoy decido dejarte ir porque sé que valgo mucho, aunque me hayas hecho creer en algún momento que no.

Hoy decido dejarte ir porque en tu ausencia aprendí a disfrutar de mi compañía.

Hoy decido dejarte ir porque ya no le temo a la soledad.

Hoy decido dejarte ir para soltar la carga del resentimiento.

Hoy decido dejarte ir para que contigo se vayan los malos recuerdos.

Hoy decido dejarte ir para recuperar mi autoestima. Necesito volver a enamorarme de mí. Arreglarme para mí. Mirarme al espejo y sentirme hermosa, sin depender de la aprobación de alguien. Quiero que cuando llegue el amor nuevamente a mi vida me encuentre segura de mí y no vulnerable.

*Hoy decido dejarte ir porque ya aprendí, sané,
superé, crecí, cambié, y lo más importante, hoy
estoy segura de que NO te necesito para ser feliz.*
Hoy que te dejo ir, también decido perdonarte.
*Ya no te guardaré odio, ni rencor. Dejarte ir es el
principio de un futuro mejor.*

Te brindo una serie de consejos para salir de una relación
dañina y que lo puedas hacer de forma saludable:

1. **Sé firme**

    Cuando se termina una relación enfermiza,
    los sentimientos de culpa, tristeza e incerti-
    dumbre pueden hacerse presentes. Sin em-
    bargo, es importante que te mantengas firme
    y reconozcas tu valor para escribir una nueva
    historia en tu vida. Confío en que no volverás
    a fallarte. Hay una alta posibilidad de que
    vengan tiempos difíciles y puedes ser tentado a
    seguir dando oportunidades. ¡No lo hagas! Es-
    tablece que en el nombre de Jesús podrás ha-
    cerlo, porque en Él, todo es posible de hacer.

2. **Suelta el control**

    La dependencia emocional incluye una ne-
    cesidad desmedida de la otra persona. Hay una
    compulsión a querer tener control total de su
    vida. Se deja de vivir la propia vida, para vivir
    la vida del otro. Esto se hace de esta manera,
    porque en la medida en que te haces necesario,
    tratas de garantizar que no te abandonen. Al
    salir de un tipo de relación así, uno de los retos
    mayores es asumir control de tu propia vida

y soltar el control de la vida del otro. Ahora puedes concentrarte en tus anhelos, planes, necesidades y sentimientos. ¡En los tuyos!

3. **Fortalece tu amor propio**

Las personas valen mucho, y cómo llegan a amarse. Sin embargo, la enseñanza bíblica es clara: No podrás amar a nadie (saludablemente) si no te amas a ti primero. Ama tanto al prójimo como te debes amar a ti mismo (ver Levítico 19:18). Mientras no nos amamos a nosotros mismos vamos a tratar de llenar los vacíos de amor con otras personas. Si una persona no se quiere a sí misma, puede proyectar ese sentimiento y pensar que nadie saludable podrá quererla. Recuerda que el valor que tú tienes es el que te dio Aquel que te compró a precio de sangre, no lo olvides. ¡Ámate!

4. **Desarrolla metas**

Dios cree en ti, y yo también. Dedícate a crear metas nuevas y a desempolvar algunas viejas. Transforma esas metas y algunos sueños en objetivos operacionales. Construye una lista de cosas posibles y realistas que quieres lograr, y luego divídelas en metas a corto y largo plazo, con fechas estimadas de cumplimiento. Luego, haz una segunda lista de todos los sueños que quisieras alcanzar. Si de algo estoy convencida es que hay sueños que con estructura y determinación se pueden convertir en realidad. No te quedes en la cama, ni mirando para el techo, ni horas frente al televisor. Haz todos los días un poco para alcanzar tus metas. ¡Este es tu tiempo para eso!

5. **Corta todo contacto con la persona**

Al terminar una relación enfermiza es fundamental distanciarse de esa persona. Esto quiere decir: no llamadas, no mensajes, no correos electrónicos, y mucho menos verse. En ocasiones, hasta es necesario alejarse de gente que te vincula con la persona. Elimínale en las redes sociales, no busques información. Cientos de veces pacientes que están tratando de salir de una relación codependiente me preguntan si pueden quedarse siendo amigos de la persona. La respuesta a esto es un rotundo NO. Mientras se mantiene algún tipo de conexión, la probabilidad de volver a caer en el ciclo de apego emocional y codependencia es muy alta. ¡Borra su teléfono y establece los límites!

6. **Utiliza la terapia de la actividad**

Al salir de una relación de pareja tienes más tiempo. Utiliza ese tiempo para organizarte. Las agendas suelen ser muy efectivas para este propósito. En la agenda deben estar incluidas actividades recreativas, físicas, educativas y de crecimiento espiritual. Puedes hacer actividades nuevas en tu casa: organizar, limpiar, pintar y redecorar. Construye una lista de lugares que deseas visitar y visítalos. Vas a ver qué maravilloso es disfrutar de la compañía de la persona que siempre ha estado contigo y la que siempre te acompañará: tú mismo.

7. Ama la soledad

Tal vez has escuchado que si no cuentas con una persona en una relación de pareja, entonces estás incompleto. Es importante que comprendas que tú eres un ser completo en Dios. Puedes llegar a amar la soledad, no al punto de que se convierta en aislamiento, pero sí que la disfrutes como un espacio. La soledad promueve que puedas conocerte mejor a ti mismo. Es importante descubrir quiénes realmente somos, cuáles son nuestras necesidades, lo que nos gusta y lo que no nos gusta. Contactarnos con lo que deseamos y esperamos de la vida, de nosotros mismos y de una relación. La soledad es un puente para relacionarnos con el Señor y tener comunión con Él mediante la oración y la adoración. Cuando entramos solos en esa cabina espiritual, podemos estar ahí horas y horas, disfrutando de la presencia de Dios.

> **Tú eres un ser completo en Dios.**

ORACIÓN

Padre eterno, te doy gracias porque mi dependencia eres tú. Gracias porque cuento con tu amor, un amor que me hace bien. Que siempre me añade y nunca me resta. Gracias porque me amas de forma personal y poderosa. Otros me habían prometido lo mismo y me fallaron, pero tu promesa de amarme así la has cumplido. Gracias por tu amor paciente. Tu paciencia conmigo ha sido como una alfombra roja por la que se ha acercado a mí... tu gracia. Me siento bendecido de que aunque mi amor por ti no es perfecto, el tuyo sí lo es. Gracias porque en medio del dolor de la separación humana, puedo disfrutar de un consuelo sinigual. Hoy comprendo que solo tú lo llenas todo. En el poderoso nombre de Jesús, amén.

PARA REFLEXIONAR Y APLICAR

1. ¿Qué has comprendido en cuanto a lo que es el apego emocional?

2. ¿Consideras que eres codependiente? Si tu respuesta es afirmativa, ¿por qué?

3. ¿Cómo describirías el amor saludable?

4. ¿Qué puedes hacer de ahora en adelante para amar libre de apegos?

CAPÍTULO 9

DE LA CULPA
AL AUTOPERDÓN

*Y tocando con él sobre mi boca, dijo: He aquí que
esto tocó tus labios, y es quitada tu culpa, y limpio
tu pecado. Después oí la voz del Señor, que decía:
¿A quién enviaré, y quién irá por nosotros? Entonces respondí yo: Heme aquí, envíame a mí.*

~ **ISAÍAS 6:7–8** ~

¿**T**IENES SENTIMIENTOS DE culpa con alguien que has
perdido? Muchas personas los tienen. El número
de gente que va a buscar ayuda profesional porque
lleva la pesada carga de la culpa con un ser amado que falleció, que se fue, o con alguien con quien tuvo una relación
sentimental y la relación se disolvió, es bien alto. Triste-
mente, puede haber más personas con asuntos no resueltos
que los que se sienten con total paz en su interior. Esto es
un asunto complejo, porque los sentimientos de culpa nos
llevan a enojarnos con nosotros mismos. Cada día que pasemos frustrados o desilusionados con nosotros mismos es
un día que se utilizó sintiéndonos así y que nunca más re-
gresará. Por eso es importante que si identificas que tienes
sentimientos de culpa, ¡libérate de ellos lo antes posible!

Un principio que nos puede liberar de los sentimientos

de culpa es el hecho de que todos somos imperfectos y que todos cometemos errores. En mayor o en menor grado podemos tener una tendencia a fallar. Esto es parte de ser humanos. Eso sí, cada falla contiene una gran escuela. Como ya hemos discutido en este libro, ¡todo lo que vivimos es para aprender! ¿Qué lecciones puedes derivar de aquello que te hace sentir culpable?

Como todos somos imperfectos, dependemos de la misericordia de Dios. Él está presto a mostrar siempre su misericordia hacia nosotros y perdonarnos. Pero la mejor forma de disfrutar de la misericordia y del perdón de Dios es perdonándonos también a nosotros mismos. Esto es importante, porque podemos echar hacia afuera la frustración que tenemos con nosotros proyectándola hacia otras personas. Si no tenemos misericordia hacia nosotros mismos, es imposible mostrar misericordia con los demás. Como se dice popularmente: "No podemos dar lo que no tenemos".

> Si no tenemos misericordia hacia nosotros mismos, es imposible mostrar misericordia con los demás.

Tal vez has tenido un genuino arrepentimiento. Puede ser que hayas admitido tus faltas o hay quienes no tuvieron o no han tenido la oportunidad hasta el presente de reconocer sus errores y pedir perdón. Cualquiera sea el caso, tú puedes solucionarlo hoy en tu interior y liberarte. El amor de Dios y su gracia son la salida a este tipo de angustia.

"Feliz el hombre a quien sus culpas y pecados le han sido perdonados por completo. Feliz el hombre que no es mal intencionado y a quien el Señor no acusa de falta alguna. Mientras no confesé mi pecado, mi cuerpo iba decayendo por mi gemir de todo el día, pues de día y de noche tu mano pesaba sobre mí. Como flor marchita por el calor del verano, así me sentía decaer. Pero te confesé sin reservas mi pecado y mi maldad; decidí confesarte mis pecados, y tú, Señor, los perdonaste".

—Salmo 32:1–5, DHH

¿Eres adicto a la culpabilidad?

Hay personas que no se sienten bien si no se sienten mal. Al punto donde en ocasiones no ha existido ninguna falta objetiva que justifique dicho sentimiento. Es decir, tienes culpabilidad en cosas por las que no tiene sentido que te sientas culpable. Seguramente esto tiene unas raíces muy profundas, principalmente desencadenadas en la niñez. En otros casos, alguna experiencia en la adultez les marca con el sello de la culpabilidad.

Hay ocasiones en las que los sentimientos de culpa pueden ser tan fuertes que llegan a manifestarse de manera notoria tanto a nivel físico como emocional. Nos podemos generar un malestar inútil innecesario y sobre todo dañino. Cuando ese es nuestro modo de operar en la vida, te aseguro que no es Dios el que lo está permitiendo y mucho menos lo está provocando. Los sentimientos de culpa pueden pretender apoderarse de nosotros para sentirnos decaídos y condenados. La voluntad de Dios para nuestras vidas es que nos sintamos perdonados,

> La voluntad de Dios para nuestras vidas es que nos sintamos perdonados, justificados y amados.

justificados y amados. Jesús, a través de la redención, vino para levantarnos, quitar toda culpa y castigo. No hay nada más poderoso que la gracia.

> "Ahora, pues, ninguna condenación hay para los que están en Cristo Jesús, los que no andan conforme a la carne, sino conforme al Espíritu".
>
> —Romanos 8:1

> "¿Quién acusará a los escogidos de Dios? Dios es el que justifica. ¿Quién es el que condenará? Cristo es el que murió; más aún, el que también resucitó, el que además está a la diestra de Dios, el que también intercede por nosotros".
>
> —Romanos 8:33–34

> "Porque mejor es tu misericordia que la vida".
>
> —Salmo 63:3ª

El perdón más difícil

En ocasiones, la vida nos lleva a situaciones en las que no actuamos con total claridad o simplemente nos equivocamos. Puede suceder que nos arrepintamos de no haber pedido perdón a alguien antes de que saliera de nuestras vidas, sea por ruptura o por muerte. Sobre todo, cuando la separación o la muerte ha sido sorpresiva o de manera brusca. Puede haber una gama de pensamientos de lo que se siente que se hizo mal, de lo que se debió haber hecho diferente, se identifican las faltas y los errores. Esto suele conducir a la autorecriminación. El perdón más complejo es hacia uno mismo. Esto principalmente se debe a que siempre caminamos con nosotros, y las voces internas pueden estar persistentemente con el dedo acusador.

El autoperdón es absolutamente necesario para tener gozo y sentir paz. Debe llevarse a cabo como un ejercicio restaurador. Es un proceso estrictamente interno. Parte de este proceso es contactarnos con nuestras faltas y reconocer los errores cometidos. El reconocimiento es un acto de madurez y de crecimiento espiritual. Es aceptar que convivimos con miedos, inseguridades y emociones que experimentamos en la travesía humana. Y te aseguro que tú no eres el único que se siente así. ¿Quién puede vanagloriarse de no tener defectos y de no haber fallado alguna vez?

> El autoperdón es absolutamente necesario para tener gozo y sentir paz.

Es imprescindible trabajar el autoperdón. Si dejamos que el alma se empape de las agrias sensaciones de no perdonarse y cargar con sentimientos de culpa, con el paso del tiempo pueden convertirse en problemas emocionales serios que te conduzcan a sufrir demasiado. En la experiencia terapéutica he visto personas donde la culpa y la falta de perdón a sí mismos los ha llevado a depresiones severas. Ocurre muchas veces que una persona con una naturaleza basada en la culpabilidad y la vergüenza interna y hasta externa, experimente depresión. Es imposible que alguien disfrute una vida de bienestar y paz si no se gusta a sí mismo o se siente avergonzado de algo. En terapia he visto una que otra persona que hasta ha llegado a concluir que las decisiones tomadas, por las que se estaba enjuiciando ferozmente a sí mismo, fueron resultado de lo que estaba pasando en su vida en aquel momento. Incluso, algunos se percatan que hicieron lo mejor posible con las herramientas que tenían en ese instante en particular de sus vidas.

Culpa por la ruptura de una relación

Es algo paradójico, pero he notado que muchas veces la persona que toma la decisión de salir de una relación y rompe la misma, se siente culpable por el dolor que puede causar. Mientras que la otra parte tiene culpa por verse como el origen de la ruptura. Siente que no hizo todo lo que estaba a su alcance o que no enmendó a tiempo la relación. Las dos partes enfrentan sentimientos de culpa desde distintas vertientes.

Ante la ruptura de una relación de pareja, el "dejador" cuando está convencido de que está haciendo lo correcto y entiende que esa decisión es saludable y le conviene, su papel es más llevadero. En el caso donde no hay mucha seguridad, se hizo de forma abrupta o por impulso, se convierte entonces en un proceso más desgastante.

Cuando las relaciones de pareja son duraderas, los vínculos tienden a ser más fuertes e intensos y la dependencia emocional es mayor. Suelen existir muchos proyectos de futuro, metas que se alcanzaron y vivencias compartidas. Hay una historia de vida en común. Así que cuando hay una ruptura brusca, suele ser un tanto difícil para el "dejado" como para el "dejador". En muchos de estos casos, el sentimiento de culpa es difícil de digerir. Sobre todo, si hay una evaluación negativa de la otra parte. Para la mayoría de las personas es muy complejo soportar las críticas y los reproches que puede hacer la contraparte.

En los casos donde hay hijos, los sentimientos de culpa pueden agravarse. Al punto donde algunos, incluso, estando dentro de relaciones de maltrato emocional, físico o sexual, determinan permanecer dentro de la relación. Pagan un precio demasiado alto con tal de no llevar sobre sus hombros la supuesta culpa de la ruptura. Si una persona tiene claro que ha estado en una relación abusiva en la que está sufriendo demasiado o que están siendo lastimadas las personas que están a su alrededor, es saludable romper la relación. En algunos casos, es hasta un asunto de supervivencia. No debes sentir miedo. Dios quiere que seas feliz y que tengas paz.

> **Dios quiere que seas feliz y que tengas paz.**

"Dios nos ha llamado a vivir en paz".

—1 Corintios 7:15b, NVI

"En fin, hermanos, alégrense, busquen su restauración, hagan caso de mi exhortación, sean de un mismo sentir, vivan en paz. Y el Dios de amor y de paz estará con ustedes".

—2 Corintios 13:11, NVI

La ruptura de una relación de pareja suele ser, en mayor o menor grado, un proceso doloroso que requiere tiempo. Es importante destacar que una relación siempre es de dos, y es responsabilidad de ambos el crecimiento o empobrecimiento de la misma. Pero tanto si la culpa se dirige hacia una u otra parte, hay que equilibrar la visión de las cosas. Es maravilloso cuando se llega a comprender que hay rupturas que no son fracasos, no son finales... sino que son comienzos y nuevas oportunidades.

> **Una relación siempre es de dos, y es responsabilidad de ambos el crecimiento o empobrecimiento de la misma.**

Cuando hay sentimientos de culpa y se sufre de manera tormentosa por la ruptura de una relación de pareja es porque se cree que las ventanas de la vida están cerradas. Si este es tu caso, hoy te invito a que veas la inmensa puerta que está abierta frente a ti. Al cruzar el umbral te esperan oportunidades verdaderamente gloriosas. ¡Entra! Dios te dará las fuerzas.

> "Pero los que esperan a Jehová tendrán nuevas fuerzas; levantarán alas como las águilas; correrán, y no se cansarán; caminarán, y no se fatigarán".
>
> —Isaías 40:31

EL DOLOR DE UNA DECISIÓN

No debemos enjuiciarnos por algo del pasado en la perspectiva de la persona que somos hoy, de la madurez que disfrutamos en el presente, del crecimiento espiritual que hemos tenido y de lo que son actualmente nuestras circunstancias. En ocasiones, al mirar retrospectivamente, nos convencemos incluso que hay eventos en los que no teníamos otra alternativa que actuar como actuamos.

Esto ocurrió en nuestra familia cuando tomamos la dolorosa decisión de ingresar a nuestra madre en una institución para personas de edad avanzada en la que pudiera ser cuidada y atendida veinticuatro horas. Su condición de demencia vascular había avanzado demasiado. Tal y como lo describe mi hermana Dalia en su libro, *Te quiero mucho*, aunque estábamos convencidos de que cuando un paciente con demencia no puede cuidarse por sí mismo, que necesita cuidados especiales día y noche, que se habían intentado y agotado todas las alternativas para cuidarla en la casa, fue difícil reconocer que había llegado el momento donde era indispensable e inevitable ponerla en un lugar donde sí pudieran hacerlo. Hay una tendencia a juzgar a quienes institucionalizan a un ser querido. No es el camino más fácil, es el más complicado y doloroso. Mi madre fue muy protectora con sus hijos y una abuela consentidora, y ciertamente fue un proceso de tristeza y culpa tomar esa decisión.

Si alguien no debió tener sentimientos de culpa por colocar a nuestra madre en un asilo, esa era mi hermana. Ella estuvo muy cerca de mami siempre, cuidándola con amor, entrega y esmero. Pero reconoce que también los tuvo y que fue una gran batalla para lidiar con la culpabilidad. En ese proceso, pasó por una experiencia que, a mi entender, fue un regalo de Dios para su sanidad. Tuvo un sueño, que narra así:

> "Soñé que estaba con mami y me preguntó: 'Dalia ¿qué fue lo que pasó?'. Y recuerdo que le contesté: 'Mami, te voy a explicar'. Le dije en el sueño que ella se había enfermado y que la había llevado a un lugar para que la curaran y cuidaran. En el sueño tenía miedo de que me fuera a reclamar, pero ella me miró con amor y me dijo que entendía. Estaba tranquila. No hubo reproches".

Haber pasado por la experiencia de institucionalizar a nuestra madre, enfrentar la muerte de papi y luego la de ella, ha despertado en nuestra familia una conciencia palpitante de constantemente hacernos saber lo mucho

Debemos aprovechar cada instante para decir "te amo", "gracias", "eres importante", y dar muchos abrazos y besos a nuestros seres amados.

que nos amamos. Aprovechamos cada oportunidad para demostrarnos lo especial que somos los unos para los otros. Hemos comprendido que esta vida es corta y, por lo tanto, debemos aprovechar cada instante para decir "te amo", "gracias", "eres importante", y dar muchos abrazos y besos a nuestros seres amados.

Pasos para lograr el autoperdón

1. **Identificar por qué necesitas perdonarte a ti mismo:** Si has llegado al acto valiente de reconocer que tienes sentimientos de culpa, es posible que te sientas responsable y sientas la necesidad de ser perdonado. Posiblemente los recuerdos, aun esos que llegan fugazmente, son los que te generan sentimientos de incomodidad. Lo que dijiste, lo que no dijiste, lo que hiciste, o lo que no hiciste. Lo que crees que pudiste haber hecho diferente. Sucede que hay quienes pueden sentirse arrepentidos de no haber pedido perdón a alguien antes de que muriera. Sobre todo, cuando la muerte ha sido inesperada o de forma brusca. Vemos todo lo que hemos hecho mal y vienen a nuestra mente faltas muy precisas. Esto representa un conflicto dado a que la persona no puede escuchar nuestra petición de perdón, ni puede respondernos. Pero hay una buena noticia, a través de Cristo podemos sentirnos perdonados de todas nuestras faltas.

2. **Aceptar que haber cometido errores no te cataloga como una mala persona:** Como ya hemos mencionado, todos hemos fallado a un menor o mayor grado. Aprender de esos errores es la grandeza de la experiencia. Reconocemos que hay unas lecciones que son más dolorosas que otras. Ciertamente aprender duele. Pero tus errores no descartan todo lo maravilloso que eres. Todas las cosas buenas que has hecho en la vida. Incluso las cosas buenas que hiciste hacia la persona con la que tienes sentimientos de culpa. Estoy segura que pueden ser muchas más que las negativas.

3. **Reconoce la culpa sin fundamento:** Hay quienes tienen culpa cuando no es necesario sentirla. Este tipo de culpa es altamente destructiva. No cumple ningún propósito, no tiene sentido y solo te hace sentir mal. Te lleva a seguir sufriendo por el pasado.

4. **Pide perdón:** Si los sentimientos de culpa son por tus actos contra otra persona y tienes acceso a ella, debes pedir perdón. Sin importar cuánto tiempo ha pasado desde que se generó la ofensa. Pedir perdón es un alto acto de humildad. Asegúrate de que tu pedido de perdón sea sincero, y cuando lo hagas, no justifiques tus acciones.

5. **Concéntrate en el futuro:** Mira hacia adelante, en lugar de hacerlo tanto hacia atrás. Establece metas según lo que aprendiste de la

experiencia por la que te sentías culpable. Decide firmemente que no vas a cometer en el presente, ni en el futuro, los mismos errores con otras personas que son significativas para ti. Considera un enfoque de la vida donde tienes el poder para cambiar.

> *En Dios, cada día es un nuevo comienzo y una nueva oportunidad.*

En Dios, cada día es un nuevo comienzo y una nueva oportunidad. Este vistazo hacia el futuro puede ayudarte a perdonarte a ti mismo en el presente, al concentrarte en los cambios positivos que eres capaz de hacer.

RECOMENDACIONES PARA UN NUEVO ENFOQUE

- Recuerda que todos cometemos errores.

- Cada una de las experiencias que hemos tenido en la vida contienen grandes lecciones. ¡Identifícalas!

- El hecho de que hayamos cometido errores, no nos convierte a nosotros en un error.

- Piensa más en las cosas positivas que has hecho por esa persona con quien sientes culpa.

- Perdonarse a sí mismo es fundamental para disfrutar de la vida.

- Dios no te ve condenado, sino justificado por gracia. No te condenes tú.

- Los sentimientos de culpa no tienen que separarte de la bondad de Dios. ¡No lo permitas!

- Dios te ha llamado para estar en paz.

ORACIÓN

El amor de Dios es mi fuerza, mi protección, mi luz en cualquier oscuridad y mi fuente de gracia y perdón. Creo en la sanidad de toda experiencia de dolor del pasado: de las que estoy consciente y de las que no estoy consciente. Hoy encuentro un tesoro, porque me perdono a mí mismo. Alineado con el Espíritu Santo me perdono por juzgar que _____ *(menciona las que apliquen):*

No he sido una buena persona.

Le fallé a alguien importante para mí.

He sido una carga para otros.

Soy el causante del fracaso de una relación.

No soy suficiente.

Soy difícil de amar.

Hay algo que no está bien en mí.

Señor, te doy las gracias y te alabo porque hoy me libero de todo sentimiento de culpa. En el poderoso nombre de Jesús, amén.

Para reflexionar y aplicar

1. Toma unos minutos para estar en quietud y silencio. Pídele a Dios que te muestre, en los pasillos más oscuros de tu interior, los hechos por los que te has sentido culpable. Acompaña cada uno de esos eventos con la frase: "Hoy me perdono por eso, en el nombre de Jesús".

2. Reflexiona en esta frase: "Lo más grave no es caer, sino quedarse en el suelo y no levantarse".

3. Desarrolla un compromiso contigo mismo de *no culpabilidad*. Describe las acciones que ejecutarás para no sentir más culpas.

4. ¿Cómo te hace sentir entender que cuando Dios te mira, no ve tus faltas, ni tus errores, sino que ve a alguien que ha sido entendido y justificado a través de su gracia?

CAPÍTULO 10

UN FUTURO Y
UNA ESPERANZA

*Porque yo sé muy bien los planes que tengo para ustedes—
afirma el Señor—, planes de bienestar y no de cala-
midad, a fin de darles un futuro y una esperanza.*
~ **JEREMÍAS 29:11, NVI** ~

ESTÁS FRENTE A un gran reto y un desafío. Alinearte con el propósito de Dios para tu vida por encima de las pérdidas y de las experiencias dolorosas. Naciste con un propósito. Es uno concreto y claro, aun si todavía no lo has descubierto. Por encima de los embates de la vida o de que lo hayas enganchado y dejado en el camino. Más allá de si te has conformado con lo que has hecho hasta ahora. El Arquitecto supremo ha determinado que falta más. Que hay una función que tú y solamente tú puedes llevar a cabo. Hay una sola y única contribución que puedes hacer. Te hará bien caminar en ella y el mundo la necesita.

Puede ser que si has estado sumergido en la crisis de la pérdida, te resulte complejo mirar más allá y comprender que frente a ti hay una inmensa puerta abierta llena de gloriosas oportunidades y realidades. La tristeza, la frustración o la depresión te han mantenido bloqueado, pero siempre hay algo más allá. Tu propósito te espera. Es una aventura gratificante y asombrosa. Nos lleva más allá del dolor hacia el sentido de la vida.

Hasta que Cristóbal Colón descubrió a América, se pensaba que no había nada más por descubrir. Pero cuando regresó del Nuevo Mundo tuvieron que reconocer que sí había algo extraordinario más allá. Afirmo sobre tu vida que descubrirás que hay más mundos que puedes conquistar. No importa las veces que hayas dicho en tu alma: "Esto terminó para mí"; "No me voy a volver a casar"; "Estoy enfermo, así que terminaron mis proyectos"; "La vida sin mi hijo no tiene sentido"; "Estoy desilusionado con la vida". Tu alma te incomoda con estas palabras, mientras tu espíritu te está gritando: "SIGUE BUSCANDO, HAY ALGO MÁS ALLÁ". ¡Hay un futuro y una esperanza!

Llegó el momento de que pases al próximo nivel. No se trata de autorrealización. Nada tiene que ver con llenar egos o alimentar el "yo". Se trata del cumplimiento del propósito de Dios para tu vida. En eso hay una gran satisfacción. Está impregnado de amor. Ha llegado el tiempo de activar los dones que el Señor ha depositado en ti. Todos los talentos y regalos hermosos que el Señor te ha dado, hay que impulsarlos y ponerlos a correr. ¡Ve hacia un mayor cumplimiento!

> Todos los talentos y regalos hermosos que el Señor te ha dado, hay que impulsarlos y ponerlos a correr.

Si determinas buscar más, encontrarás más. Hay un mayor impacto que puedes provocar. Hay una huella mayor que puedes dejar de tu estancia en la tierra. Somos seres eternos y tenemos una breve travesía en este mundo. ¿Cuál es el legado que quieres dejar? Lo importante es que en esa búsqueda no pierdas el foco de lo que es verdaderamente importante. Que no se pierda el sentido real de lo que se está haciendo y, sobre todo, la convicción de por quién lo estás haciendo.

La persona que abandona su propósito por una pérdida es porque el dolor y el miedo han estado dominando su ser. Prefieren retroceder a arriesgarse. Pero siempre habrá desafíos y reveses. El cumplimiento del propósito se manifiesta en quienes se vuelven a levantar una y otra vez. Con amor te animo a través de lo que dice en Isaías 60:1 (LBLA):

> "Levántate y resplandece, porque ha llegado tu luz y la gloria del Señor ha amanecido sobre ti".

EL MÉTODO CREO

Conozco por experiencia propia que nada de lo que he vivido ha sido realmente una pérdida, sino una ficha clave para el cumplimiento de un propósito. Todo aquello que has pasado y a lo que has sido

> Toda experiencia está formando los cimientos de tu destino.

expuesto está en el almacén que compone tu futuro. Toda experiencia está formando los cimientos de tu destino.

Es importante estar capacitados y equipados para el cumplimiento del propósito. Las vivencias atravesadas, sin lugar a dudas, son parte de eso. Pero también es fundamental desarrollar un orden y una estructura. Una vez se ha establecido un plan, se despertará cada día en ti el anhelo de participar en esos principios para perseguir tu propósito.

Cada día te levantarás enfocado, porque hay unos pasos y hay una agenda.

Cuando nos despertamos con un motivo y una razón para vivir, tenemos el deseo de levantarnos. Incluso, esto nos impulsa aun cuando se manifiesten las contradicciones. Las contradicciones son esos reveses que aparecen en el camino. Las complicaciones no te harán salir del panorama del propósito. Las decepciones no harán que te quedes en la cama, metido en una cueva emocional, con la frisa hasta el cuello, con las ventanas cerradas y la luz apagada. El propósito con estructura es un llamado diario a levantarte con un sentido sabroso de esperanza.

Yo le pedí al Señor que me revelara un método para ser feliz, tener paz y ser productiva dentro del cumplimiento del propósito que ha establecido para mi vida. Es vitalmente importante dejarse llevar por unos principios y desarrollar unas actividades diarias para avanzar en el propósito. El método que utilizo y que te invito a implementar es C-R-E-O:

Compasión + Reflexión + Ejercicios + Oración

Compasión
Mi mamá siempre nos enseñó que amor y compasión son sinónimos. Ella fue una mujer buena, servicial y bien caritativa. Durante toda su vida tuvo la sensibilidad de bendecir a las personas que estaban en necesidad. Fui testigo de los detalles que mi mamá tenía con las personas. Algo que me impactó mucho en su funeral fue escuchar los testimonios de todas las personas a las que había ayudado económicamente sin decírselo a nadie, ni siquiera a nosotros. No

fue rica, sin embargo, pagó matrículas para universitarios, prontos para casas, para vehículos, y proveyó compras de alimentos a cientos de familias. A nuestra familia siempre le sorprendió el hecho de que sin ser personas ricas, nunca faltó absolutamente nada en nuestro hogar, y teníamos de todo en abundancia. Ya tenemos la respuesta: la compasión de mi mamá.

La palabra bíblica hebrea para "compasión", *rachamim*, procede de la misma raíz de la palabra "útero", *rechem*. Las madres suelen ser una gran influencia sobre nuestra manera de ver la vida y de cómo tratar a los demás. Mi mamá fue una gran maestra de compasión. Además, esa bendición de su caridad ha caído sobre la vida de mis hermanos y la mía. Se ha hecho vívido lo que dice el salmista:

> "Y no he visto justo desamparado, ni su descendencia que mendigue pan".
> —Salmo 37:25

Las mentalidades egocéntricas solo provocan sufrimientos a los demás y a sí mismos. La compasión y el interés por el bienestar de los demás es una fuente de gozo y paz. Esta fue una lección latente en el ministerio de nuestro amado Señor Jesús. Promovió y fortaleció el valor del amor, la compasión y la caridad. Entre muchas de sus enseñanzas, destacó estas como la base de la convivencia humana. La enseñanza de Jesús en cuanto a la compasión está basada en morir al "yo". El Señor dijo:

> La compasión y el interés por el bienestar de los demás es una fuente de gozo y paz.

"Todo el que procure salvar su vida, la perderá; y todo
el que la pierda, la salvará".

—Lucas 17:33

¿Qué significa realmente la compasión? Este término, a
menudo, ha sido malinterpretado. Yo lo he llegado a definir
como un sentimiento de preocupación que surge cuando
nos enfrentamos con los sufrimientos de otra persona y nos
sentimos motivados para aliviar ese sufrimiento. La compasión conecta con el sentimiento de empatía en actos de
bondad, generosidad y amor.

Creo firmemente que todos podemos hacer germinar la
semilla de la compasión.
Parte de nuestro propósito de
vida es aplicarla, primero con
los que tenemos más cerca, y
también con los que están
fuera de nuestro círculo.
Existe un consenso generalizado con respecto a que ser
compasivos es un objetivo positivo. Sin embargo, a mucha
gente le resulta difícil entenderlo y ponerlo en práctica. Esto es resultado de un mensaje
social competitivo en el que debemos estar concentrados en
nuestro exclusivo bienestar. Esto conduce a vacíos, ansiedades e infelicidad. Si deseas disfrutar de una vida plena y
con un sentido de propósito, debes desarrollar una profunda preocupación por el bienestar de los otros. Que
cuando alguien esté pasando por un periodo difícil de su
vida, sienta que puede contar contigo. Si está en tus manos
la posibilidad de ayudar a otros, debes hacerlo. Si no existe

> Si deseas disfrutar
> de una vida plena
> y con un sentido
> de propósito,
> debes desarrollar
> una profunda
> preocupación por el
> bienestar de los otros.

la posibilidad de hacerlo, orar es un instrumento poderoso de bendición.

Concentrarnos en servir es algo muy valioso. Los seres humanos tenemos un cerebro muy especial, pero que a la vez nos puede causar sufrimiento si solo pienso en el "yo", en mí, en mí y en mí. Cuanto más tiempo pasemos pensando en nuestro propio y exclusivo bienestar, más sentimientos de vacío nos inundarán. He comprobado que cuando pensamos en aliviar el sufrimiento de otras personas, el nuestro disminuye. Este es un verdadero secreto del gozo y la paz.

Cuando sale por nuestra boca la pregunta: "¿En qué puedo ayudar?", incluso cuando estés sufriendo por una pérdida, esas palabras estarán dotadas de un poder que transformarán tu dolor en satisfacción. Incluso, puedes moverte a ayudar a personas que estén sufriendo la angustia de tu mismo tipo de pérdida.

> La compasión es lo que trae mayor sanidad a nuestra alma y lo más enriquecedor.

Es maravilloso cuando cambiamos el "pobre de mí" por acciones concretas de bendición. La compasión puede ser uno de los propósitos de vida más difíciles de cumplir, pero a la vez es lo que trae mayor sanidad a nuestra alma y lo más enriquecedor.

Reflexión

En el ajetreo de la vida diaria es importante sacar el tiempo para reflexionar. La reflexión es el proceso que nos permite pensar detenidamente. Es dar esos imprescindibles viajes por nuestro interior. Lo considero como un acto profundo de evaluar los asuntos que me rodean y, sobre todo, lo que está pasando dentro de mí.

Para tomar decisiones acertadas en nuestra vida es fundamental que tomemos tiempo para reflexionar. El estilo de vida estresante que se suele llevar no le permite a muchos detenerse a pensar, antes de actuar impulsivamente. El intenso acontecer en el que nos encontramos inmersos hoy día, puede hacer difícil que podamos reflexionar sobre asuntos sensibles, y tener las cosas claras para elegir las mejores cosas para nuestra vida y hacer cambios fundamentales en nosotros.

Yo aprovecho cuando termino de orar para reflexionar. Hablo con Dios y después hablo conmigo misma. Me invento unas afirmaciones para el día en las que usualmente están las siguientes. Te invito a repetirlas y reflexionarlas.

> *Mi ser se llena del amor, el bienestar, la autoridad y el poder que viene de Dios.*
>
> *Me saturo de todo lo bueno que Dios tiene para mi vida.*
>
> *Amo mi cuerpo y estoy agradecida por su funcionamiento.*
>
> *Hoy voy a sembrar esperanza.*
>
> *Transmito entusiasmo a todos los que me rodean.*
>
> *Hoy, a través de mí, se manifiesta el amor de Dios.*
>
> *Colmo a otros de aliento y los impulso hacia lo alto.*

Irradio alegría por doquier.

Cada cual se irá de mi lado con más razones para vivir y luchar.

Hoy fortalezco la fe y me afianzo en la esperanza.

Siembro ánimo donde había desesperación.

Al final de la jornada de este día, el júbilo y la satisfacción, inundarán mi alma.

En cada uno de nosotros puede llevarse a cabo sin cesar el milagro de la renovación. A través de la reflexión intrínseca es que vamos cambiando y transformándonos. Con una fe viva y con mucha dedicación es que se puede lograr en nuestra existencia un mejoramiento continuo. Es una renovación que es posible a través del poder del Espíritu Santo y haciendo un trabajo constante.

> A través de la reflexión intrínseca es que vamos cambiando y transformándonos.

Ejercicios

La voluntad de Dios para nuestras vidas es que tengamos plenitud en todas las áreas y esto incluye en nuestra dimensión física. Para el Padre celestial, el cuerpo es tan importante que le llama "templo" (ver 1 Corintios 3:16–17). Como el cuerpo es importante,

> El Señor conoce que podemos ser más felices y mejores personas si gozamos de mejor estado físico.

debemos cuidarlo bien. El Señor conoce que podemos ser más felices y mejores personas si gozamos de mejor estado físico.

Cuando alguien está pasando por el dolor emocional de una pérdida podría descuidar su salud. Además, hay bastante desgaste fisiológico cuando estamos expuestos al sufrimiento. Por eso es fundamental que en esta nueva travesía, mirando al futuro con optimismo, integres actos concretos para el cuidado de tu cuerpo. Uno de los principales es la alimentación, evitando toda comida que pueda ser nociva. Debemos evitar cualquier cosa que sepamos que es perjudicial para el cuerpo. No debemos utilizar ninguna substancia que cree hábitos, ni debemos comer demasiado. Las frutas, las verduras y las hierbas saludables son buenas para el cuerpo, y debemos utilizarlas con prudencia y agradecimiento. También los granos y el pescado son muy buenos alimentos para el cuerpo.

Confieso que me ocupa bastante el hecho de ver que muchos cristianos son diligentes en el estudio de la Palabra de Dios y en la oración, pero no se cuidan físicamente. Más bien, tienen esta área totalmente abandonada. Después de pasar por el diagnóstico de cáncer, he estado más consciente de la importancia de velar por mi cuerpo. Desde hace mucho tiempo, el Espíritu de Dios me inquietaba y yo hacía ciertos esfuerzos, pero ahora hay un despertar en mí en cuanto a lo fundamental que es esto para vivir una vida sana en todos los sentidos.

Así como las comidas nutritivas son importantes, el ejercicio en forma regular y el descanso apropiado vigorizan al cuerpo.

Así como las comidas nutritivas son importantes, el ejercicio en forma regular y el descanso apropiado vigorizan al cuerpo. Idealmente, se debe dormir de 7 a 8 horas diarias. Te aconsejo que dividas tu tiempo adecuadamente, donde incluyas el tiempo de oración, ejercicios, trabajo, tareas del hogar, actividades familiares, iglesia, estudios, recreación y cuidado propio, entre otros. El balance es la clave.

El ejercicio es una parte importante de un estilo de vida saludable. Previene problemas de salud, aumenta la fuerza, la energía y puede ayudar a reducir la ansiedad. También puede ayudar a mantener un peso corporal saludable y reducir el apetito. Disminuye el riesgo de ser hipertenso. Produce efectos favorables sobre el colesterol. Se reduce la probabilidad de tener un infarto. Previene la aparición de diabetes. Contribuye al bienestar mental y ayuda a tratar la depresión.

Todo el mundo puede beneficiarse de la actividad física. Para la mayoría de la gente, es posible comenzar a hacer ejercicio por su cuenta. Caminar durante el día incrementa los niveles de vitamina D en el cuerpo, un nutriente difícil de obtener de los alimentos, pero que se puede adquirir a través de la luz solar. Protegerse de los rayos solares es importante, pero los expertos coinciden en que exponer la piel al sol matutino con frecuencia, sin llegar al punto de quemarse, ayuda a producir suficiente vitamina D.

Puedes comenzar a caminar 30 minutos al día. Con solo hacer esto vas a sentir una gran diferencia en tu estado anímico. Hay consenso en que el ejercicio debe ser constante y regular. Personalmente combino el caminar con la adoración, oración y tener momentos de silencio para recibir del Espíritu Santo. Esta práctica ha cambiado mi vida. ¡Nunca es tarde para comenzar!

Oración

La oración es uno de los fundamentos principales para el bienestar diario y el fortalecimiento en el cumplimiento de nuestros propósitos en Dios. Doy gracias por el privilegio de la oración. La oración es nuestra línea directa de comunicación con Dios. Ese espacio maravilloso al que podemos ir tal cual somos y reflejar lo que sentimos sin máscaras. Con la bendición de saber que no somos juzgados, sino más bien, entendidos. La oración es el espacio en el que reconocemos que se activa un poder superior al nuestro. Es hablar con Aquel, para el cual, no hay nada imposible; con el soberano Dios, quien nos atiende con amor infinito. Estoy agradecida porque no solo en mi hora más oscura, o en mis momentos de mayor debilidad, puedo acudir al Señor en oración, sino todos los días de mi vida. Cada mañana y cada noche. El haber creado un hábito de oración ha sido una de las fuentes más importantes de crecimiento.

La oración matutina es un tiempo especial para expresar nuestra gratitud por un nuevo día, y a la vez tener una nueva oportunidad para volver a empezar. Es el momento para ponernos enteramente bajo su cuidado. Es el pacto de utilizar ese día para servirle con fe y alegría. Para ponernos en las manos de Dios como instrumentos. Si tenemos vidas cargadas con multiplicidad de roles, esa oración matutina es una bujía de fortaleza. Es un impulso de poder. Es imposible dar a otros saludablemente si nuestra fuente está vacía. La forma de llenar esa fuente es a través del tiempo

> La oración matutina es un tiempo especial para expresar nuestra gratitud por un nuevo día.

devocional de las mañanas. Que puedas decir como el salmista y como el profeta Isaías:

> "Oh Señor, de mañana oirás mi voz; de mañana presentaré mi oración a ti, y con ansias esperaré".
>
> —Salmo 5:3, LBLA

> "Oh Señor, ten piedad de nosotros; en ti hemos esperado. Sé nuestra fortaleza cada mañana, también nuestra salvación en tiempo de angustia".
>
> —Isaías 33:2, LBLA

La oración de la noche suele ser diferente a la de la mañana. La oración nocturna suele alinearse más con el acto de agradecer los cuidados y las bendiciones que hemos experimentado a través de todo el día. Es dirigir ese último pensamiento de nuestra jornada al Dios todopoderoso, como muestra de nuestro amor, respeto y gratitud. Para muchos, también es importante la oración nocturna para solicitar la paz y la tranquilidad que se necesita de forma imprescindible para obtener un sueño reparador.

> La oración nocturna suele alinearse más con el acto de agradecer los cuidados y las bendiciones que hemos experimentado a través de todo el día.

> "En paz me acostaré, y asimismo dormiré; porque solo tú, Jehová, me haces vivir confiado".
>
> —Salmo 4:8

En cualquier momento, tenemos acceso al trono de Dios. Cuando la desesperanza amenaza con invadirte, con solo clamar, toda la atmósfera cambia y las emociones se alinean. En el instante en que nuestras capacidades y nuestros conocimientos son limitados para enfrentar los desafíos de la vida, es un alivio saber que contamos con la oración.

> "En mi angustia llamé al Señor, pedí ayuda a mi Dios,
> y él me escuchó desde su templo; ¡mis gritos llegaron
> a sus oídos!
> —Salmo 18:6, DHH

Dios nos protege de adversarios. Es nuestro mediador en las contiendas de la vida. Nos cuida de los enemigos exteriores e interiores cuando acudimos a Él en oración. Él es el pronto auxilio en la tribulación, nuestro escondedero, torre fuerte, nuestra fortaleza, el que levanta nuestras cabezas, que no nos deja en vergüenza, nuestro estandarte y nuestro escudo.

Cuando nosotros no sabemos qué hacer, la oración es una brújula que nos da dirección. Estoy agradecida porque cuando no he sabido qué decir o qué hacer, a través de la oración he recibido orientación de Dios. Me motiva, me inspira y me ayuda a dar los pasos más adecuados. Doy gracias, porque cuando oro me siento protegida, escuchada, amada, bendecida, fortalecida y rescatada.

> Cuando nosotros no sabemos qué hacer, la oración es una brújula que nos da dirección.

Características de una persona que se dirige al futuro con esperanza

Cuando la persona es liberada de todo aquello que la afecta negativamente en su ser interno y adopta una actitud positiva ante la vida, anhelando ese futuro con esperanza, muestra ciertas características que son la clave para vivir libre y feliz:

1. Tiene una actitud optimista ante la vida.

2. No se rige por pensamientos negativos ni distorsionados.

3. Su vocabulario es esperanzador y evita los "no puedo".

4. Hace planes para alcanzar todo lo que se propone.

5. Su semblante es radiante y prefiere sonreír.

6. Constantemente se reta con metas realistas.

7. Imparte amor, ánimo y esperanza a las demás personas.

8. Es proactiva.

9. Confía en lo que Dios le ha prometido.

10. Se deja llevar por la fe.

ORACIÓN

Amado Padre celestial. Concédeme la paz interior para escucharte. Conserva mi corazón lleno de gozo y agradecimiento por todo, incluyendo el dolor, la angustia y el sufrimiento. En ese agradecimiento puedo sentir tu apoyo y me dirijo hacia todas las cosas extraordinarias que ya están preparadas para mí en el presente y en el futuro. Sé que estoy protegido en el poder de tu amor. Sé que soy guiado por tu sabiduría. Hoy, estoy poniendo mi fe en ti. Me tomas de la mano para ir juntos hacia el cumplimiento de un propósito que va más allá de mi óptica humana, porque ha sido diseñado por ti. Y todo lo que viene de ti es bueno. En el poderoso nombre de Jesús, amén.

PARA REFLEXIONAR Y APLICAR

1. ¿Cuál es tu propósito?

2. ¿Qué cosas puedes hacer para alinearte al cumplimiento de tu propósito?

3. ¿Qué te propones hacer con tu vida de aquí a seis meses?

4. ¿Cuáles son tus metas para dentro de un año?

ACERCA DE LA AUTORA

La DRA. LIS MILLAND es una consejera, profesora, oradora y pastora que cuenta con una maestría en Trabajo Social y un doctorado en Consejería. Como terapeuta, ha atendido alrededor de diez mil pacientes con depresión, trastornos de ansiedad y problemas de abuso de sustancias, tanto en su natal Puerto Rico como en el extranjero. Además, es la directora del Centro de Consejería Armonía Integral. Es la autora del éxito de ventas, *Vive libre, vive feliz,* y de *El perfil psicológico de Jesús.* También participa en un segmento radial en la emisora Nueva Vida, 97.7 FM. Está felizmente casada con el catedrático y abogado, Luis Armando Rivera, y ambos son los orgullosos padres de Adrián Emmanuel. Reside en San Juan, Puerto Rico.

Para más información o contactar a la Dra. Lis Milland:

- Tel: 1+787-396-8307

- Email: dralismilland1@gmail.com

- Facebook: Lis Milland / @dralismilland

- Twitter: @lis_milland

- www.lismilland.com

Vive libre, vive feliz

No dejes para mañana lo que puedes solucionar en 21 días.
Decídete hoy: Sé libre, sé feliz.

Vive libre, vive feliz es una guía interactiva de 21 días que combina técnicas de psicología con la Palabra de Dios para llevarte por un proceso de restauración efectivo.

Algunos de los asuntos con los que lidiarás en *Vive libre, vive feliz* son:

- Sanar el niño interior
- No mirar más el pasado
- Vencer los temores, la culpa y el rechazo
- Restaurar la visión y guiarte por la fe

El perfil psicológico de Jesús

¿Cómo era Jesús realmente?

Este libro presenta un estudio sencillo, fácil de entender, sobre las características de Jesús según su carácter, actitudes y comportamientos. Muestra en detalle cómo Jesús vivió todo en el campo de las emociones, demostrando una personalidad centrada en la sensibilidad. Todo lo que hemos vivido, Él lo experimentó primero; y como Él venció, así mismo podemos hacerlo nosotros.

El perfil psicológico de Jesús es una herramienta poderosa, donde cubre temas, entre otros, como:

- Jesús y el dolor emocional
- El Príncipe de la paz
- Jesús y la gratitud

- El Maestro del arte de vencer el temor
- El regalo del perdón
- El amor en acción